La alquimia del Té

Arte, técnicas y secretos de una profesión oculta y fascinante

VICTORIA BISOGNO

*La cultura del Té,
de la tierra al espíritu.*

Del Nuevo Extremo

Bisogno, Victoria

La alquimia del té . Arte, técnicas y secretos de una profesión oculta y fascinante / Victoria Bisogno ;
coordinado por Mónica Piacentini. 1a ed. Ciudad
Autónoma de Buenos Aires : Del Nuevo Extremo, 2014.
304 p. ; 23x15 cm.

ISBN 978-987-609-498-6

1. Infusiones. 2. Té. I. Piacentini, Mónica, coord. II. Título
CDD 641.337 2

© 2015, Editorial del Nuevo Extremo S.A.
A. J. Carranza 1852 (C1414COV)
Buenos Aires Argentina
Tel / Fax (54 11) 4773-3228
e-mail: editorial@delnuevoextremo.com
www.delnuevoextremo.com

Imagen editorial: Marta Cánovas
Diseño de tapa: ML.
Foto de tapa: Francisco X. Carrasco
Diseño de interior: m&s estudio
Fotografías: Francisco X. Carrasco, Facundo Bustamante,
Luciano Bacchi y Natasha Vazquez (producción).

Primera edición: febrero de 2015

ISBN 978-987-609-498-6

Índice

Agradecimientos

A Giles Hilton, tea blender de Whittard of Chelsea.

A Jeremy Sturgess, tea blender de Twinings.

A Kitti Cha Sangmanee, presidente y tea blender de Mariage Frères.

A Per Sundmalm, CEO y fundador de Tea Shop.

Y a Martín, mi gran amor y compañero que me inspira desde siempre.

Introducción

El blending es la herramienta perfecta para expresar sentimientos y conectar personas aunque estén alejadas. Ese despertar de los sentidos acorta distancias y armoniza el baile de las almas.

⫸ Mi camino en el tea blending

Desde épocas inmemoriales y con diversos objetivos, ya sea en la comida, en la fabricación de materiales y en el campo de las ideas, el hombre ha venido mezclando elementos distintos, para lograr, a partir de ellos, otros nuevos. Así surgieron los alquimistas: extraños seres, mezcla de magos y científicos, un poco locos, enamorados de su trabajo, que eran capaces de generar pócimas como perfumes, remedios y también venenos a partir de elementos simples mezclados en su medida justa. Buscaban convertir la materia física en una esencia viva, poderosa, etérea. Hoy, los tea blenders somos los nuevos alquimistas.

Desde la Antigüedad se conoce, incluso en la naturaleza, el hecho de que una mezcla puede hacer surgir una criatura mejor que sus componentes originales: cuando se cruzan dos individuos de distinta raza o especie es posible encontrar en el híbrido mayor fortaleza en varias de sus características. Cuando esto sucede decimos que se ha encontrado el "vigor híbrido".

¿Para qué mezclamos entonces? Mi respuesta es que lo hacemos para crear cosas nuevas, mejores, para exaltar lo bueno, para buscar la excelencia, para crecer…

⦚ El blend de la vida

La vida está repleta de blends. No solo se puede aplicar este término a los cortes de vino o a las mezclas exclusivamente gastronómicas. Adonde miremos podemos distinguir un blend, ya que por definición se trata de una mezcla de distintas cosas. Yo, por ejemplo, tengo corriendo por mis venas un blend de sangre italiana, francesa y alemana. Otras personas tienen mezcla de otros orígenes, y eso es lo que nos hace vigorosamente distintos. En otro orden de la vida, podríamos decir que nuestra formación también es un blend: una composición de idiomas, ciencias, humanística, etcétera. La vida misma está compuesta por diversos ingredientes: amistad, amor, pasión, trabajo, sufrimiento. Cada persona se diferencia por tener cada uno de esos componentes en distintas proporciones e intensidades, lo que la hace única. Nadie sabe cuál es la proporción en la que deben estar mezclados esos ingredientes, nadie conoce la fórmula mágica de la felicidad, pero todos sabemos que en general se obtiene haciendo una mezcla con todos ellos, que resulte agradable a cada persona. Los mejores blends suelen ser los más balanceados, equilibrados como una bella poesía, aunque algunas veces un blend vigoroso, con una alta proporción de pasión o de ternura puede causar sensación.

Una antigua oración irlandesa reza: "Date tiempo para trabajar, es el precio del éxito. Date tiempo para pensar, es el origen del poder. Date tiempo para reír, es la música del alma. Date tiempo para leer, es el fundamento de la sabiduría. Date tiempo para hacer amigos, es el camino de la felicidad". Y yo agregaría: "Date tiempo para blendear, es uno de los grandes placeres de la vida".

⫸ El ocultismo...

A pesar de lo antiguo de la actividad de mezclar, y a diferencia de otros ámbitos, en el mercado del té, el blending se ha venido manteniendo extremadamente oculto, y aún hoy son pocas las personas que se han decidido a enseñar con honestidad y profesionalismo sus conocimientos adquiridos. En todos mis años como tea blender he intentado descifrar los misterios de este arte prácticamente sola. Desde que me inicié en esta actividad he tenido que recorrer un largo camino para aprender estos conocimientos. Nada me resultó fácil, ya que no tuve la oportunidad de recurrir a cursos o libros que reunieran algo de lo que era necesario saber. Por eso he decidido transmitir lo que aprendí a través de los cursos que dictamos en El Club del Té, y en este libro.

¡Cada vez que inicio el arte creativo de un nuevo blend me siento tan privilegiada! Me regocijo en los aromas, en las esencias, en las texturas y colores. Una explosión de senti-

mientos y estímulos sensoriales me invade y se transforma en composiciones de té y frutas, flores o especias, que sé que en algún momento, en algún lugar del mundo, regocijarán a otra persona también. El tea blending es una expresión artística, pero asimismo es un proceso mental y espiritual. Se trata de una práctica estética, creativa, sagrada y solemne que intenta fundir lo antiguo con lo moderno, lo cercano con lo lejano, lo concreto con lo abstracto, lo material con

lo inmaterial para que cada creación tenga vida y espíritu propio. El principiante se convierte en tea blender cuando consigue darle vida a su creación; cuando logra convertir unas simples hebras de té en una experiencia sensorial y espiritual; cuando le da significado a su creación, dando origen a un nuevo espíritu. La Real Academia Española define espíritu como "ser inmaterial y dotado de razón". Crear un blend no es simplemente mezclar ingredientes, sino darle una historia y una razón de ser. Por eso el tea blending es una profesión, pero también es una vocación.

Cuando fundamos el Club del Té con Martín, mi esposo y gran amor, le dimos una misión muy clara: "difundir la cultura del té". Es lo que siempre hacemos, y es lo que voy a hacer también aquí, en este libro. Quiero transmitir lo aprendido, intentando hacer de este libro el que a mí me habría gustado leer.

Capítulo 1
El tea
blending

*Té verde, eucalipto, menta,
pimienta roja y un ingrediente
secreto.*

Deja que este blend te transporte a los caminos recorridos por Lady Guinever y el Rey Arturo. Su aroma crea una esencia mágica en el aire. Su licor recrea tus sentidos con recuerdos de cuentos y música.

⫸ ¿Qué es el tea blending?

Desde hace años me he tomado la libertad de utilizar el verbo *blendear* para describir la técnica de mezclado de té con otros ingredientes, haciendo uso de la creatividad y del conocimiento.

Tea blend en inglés significa 'mezcla de té'. *Tea blending* es el nombre del proceso de mezclar té con otros ingredientes. Dado que estos términos en el idioma inglés

se han impuesto en la industria de forma global, los utilizaré en este libro junto con su traducción 'mezclas de té' de forma indistinta.

El tea blending es un arte, pero no es solo eso, es una combinación de arte, conocimientos, técnicas específicas y pequeños trucos, que, junto a la experiencia, nos permite crear sensaciones y estímulos a nuestros sentidos. El tea blending es una herramienta para lograr el encanto de nuestro cuerpo, mente y espíritu. Por eso es tanto una forma de crear productos, como una práctica espiritual, comunicativa y una forma de expresión. El tea blending permite, a través de la creación de mezclas, transmitir ideas, transportarnos en tiempo y lugar, y generar sensaciones. Desde hace tiempo, la mayoría de la gente ya no compra un té para calmar la sed o mantenerse reconfortada en invierno. La gente compra té –en el sentido más general de la palabra, que incluye los blends de té– para viajar a lugares desconocidos, para ser parte de una poesía o de un cuento… para soñar, para despegarse de la cruda realidad, de lo cotidiano y transportarse a un mundo de encanto. Comprar té se convirtió en una experiencia emocional en la que el vendedor o asesor deben interpretar la necesidad del cliente para ofrecerle el blend que mejor lo satisfaga.

⫸ ¿Qué son los tea blends?

Los blends son mezclas de distintas infusiones (como el té) con frutas, hierbas, especias, flores y esencias cuidadosamente seleccionadas y combinadas para dar una bebida con aroma, sabor y cuerpo especial para cada persona, para cada momento, con un encanto en particular. En este libro nos concentraremos en las mezclas en las que el

té es protagonista, pero todas las técnicas y consejos se pueden aplicar de igual manera a las combinaciones de hierbas aromáticas o frutas.

El objetivo del tea blending es crear una mezcla armónica a base de té, en la que la intensidad del sabor, del color, el aroma de las hebras y del licor, su cuerpo y sensaciones táctiles en boca se vean mejoradas con la combinación, y no deterioradas por los ingredientes que la componen. Muchas mezclas pueden ser exitosas, pero en el camino del blending nos encontraremos con combinaciones defectuosas, que ocultan el té base o que deterioran sus propiedades organolépticas, por ejemplo, en una mezcla

en que un aditivo sea tan aromático que la fragancia natural del té base se vea deslucida por este. Siempre hay que cuidar que el té base no se desluzca, sino todo lo contrario: que brille, que mejore, que se potencie.

Kitti Cha Sangmanee, presidente de la cadena francesa Mariage Frères, de origen tailandés y que ha pasado más de treinta años dedicado a crear exóticos blends para la compañía, recomienda a los principiantes ir paso a paso, y comenzar con un amplio conocimiento de las bases de té. Afirma que una primordial consideración para una unión adecuada de los ingredientes es que el carácter del té y el de los aromas agregados no se abrumen o sofoquen el uno al otro. El té debería mezclarse sutilmente con los aromas, además de poder mejorar las fragancias, y sin embargo, no desaparecer cuando se mezcla con aromas fuertes.

En este sentido, también Per Sundmalm, CEO y fundador de Tea Shop, la cadena de tiendas de té líder en España, sostiene que quien diseña un blend debe aspirar a que sea una infusión en la que los ingredientes se mariden o encuentren armónicamente sin taparse ni mezclarse en el desorden.

Per llegó a España cuando el té era un producto poco consumido y hoy dirige más de cuarenta tiendas no solo en ese país, sino también en Portugal y el Brasil. Con el toque vanguardista de Barcelona, la ciudad que vio nacer a Tea Shop y donde reside Per con su familia, la compañía ha logrado incorporar al mercado español blends clásicos ingleses y blends innovadores con un original toque mediterráneo.

El mundo del blending no tiene fronteras. Cada persona que se disponga a crear sus propios blends pone los límites para su creación. Hay quienes se concentran en las hierbas medicinales, buscando el bienestar corporal. Otros se encargarán de mezclar diferentes frutas en busca de divertidas combinaciones que sean apetecibles para los niños.

Históricamente, los blends se han elaborado mezclando tés de distintos jardines productores para asegurar una calidad y carácter uniforme en los productos a través del tiempo. Por ejemplo, un té denominado Assam es casi seguro un blend de diferentes fincas y de diversos productores ubicados en Assam, India.

También se ha practicado el tea blending para lograr mezclas de licor más rico, de sabor más agradable o de mejor precio para el consumidor y de costo más conveniente para el comerciante. Pero a lo largo de la historia hasta nuestros días, hay muchos que fracasan en el intento de mezclar, y no solo producen combinaciones que no mejoran la individualidad de cada componente, sino que

la deterioran. Es por eso que para hacer tea blending se necesita conocimiento y mucha práctica. Recordemos la famosa fórmula del éxito de Albert Einstein: $E = \mathbf{0{,}01 \times I} + \mathbf{0{,}99 \times T}$, que también se puede expresar como "El éxito es un 1% de inspiración y un 99% de transpiración".

La experiencia es un ingrediente fundamental para formar a un profesional en el tea blending. La experiencia se construye con la práctica; es imposible adquirirla en poco tiempo o de forma teórica solamente: para forjarla hay que meter las manos en la masa y equivocarse. Se dice que la experiencia es la suma de todos nuestros errores, es el aprendizaje de todos los intentos fallidos. Por eso un blend contiene aquello a lo que los alquimistas se han referido como *arcanum* –una cosa secreta, incorpórea e inmortal, que nadie puede conocer salvo por la experiencia–.

Cada lector que se inicie en el arte y la técnica del tea blending deberá, antes que nada, definir el perfil que tendrán sus blends. Es decir, a qué mercado apuntará (si realiza el blending de forma comercial) o con qué calidad de tés va a trabajar. Esto definirá muchas variables que iré presentando a lo largo de este libro, como el uso de saborizantes naturales o artificiales, entre otras cuestiones. Presentaré las técnicas utilizadas en el blending de tés de alta gama y las opciones que existen para trabajar con tés de menor precio –como tés destinados a saquitos–, logrando resultados sorprendentes.

Es importante saber que comprar los mejores tés del mundo no nos garantiza que obtengamos las mejores mezclas. Por el contrario, los mejores tés del mundo mal combinados pueden resultar en blends malos, de pobre calidad o toscos. Peter Drucker, el famoso gurú del management, asegura que cuando en una organización o sistema –como podría ser un tea blend– una de las partes se desarrolla muy por encima del resto, el resultado total no es mejor, sino peor.

Es posible lograr buenos resultados partiendo de un té cotidiano o uno de calidad media, mezclarlos de forma magistral, y obtener así blends formidables, que se conviertan en la envidia de las mejores marcas. Todo está en las manos del que combina y en su audacia para elegir los componentes, establecer las granulometrías y determinar las proporciones.

Podemos concluir que es difícil conquistar el arte del tea blending, que se necesita mucho tiempo, mucha práctica, conocimiento y desperdiciar mucho té hasta lograr mezclas que realmente deleiten nuestros sentidos, pero cuando eso ocurre, es como tocar el cielo con las manos... Dicen que el éxito consiste en ir de fracaso en fracaso sin perder el entusiasmo; desde el más novato hasta el más experto en la materia deberá invertir tiempo y desechar ingredientes en la búsqueda de la perfecta combinación, pero con los años, con la experiencia y sobre todo con pasión, esa búsqueda será más directa, más rápida e intuitiva.

"La intuición no es un milagro, es una chispa que volará una vez que se haya forjado la suficiente carga de conocimiento, experimentos, pensamiento y meditación", asegura Edmond Roudnitska en *The shapes of fragrances*.

⫸ ¿Qué se necesita para hacer tea blends?

Para hacer tea blends es necesario conocer muchos tés, "amigarse" con las distintas variedades, o sea, conocerlas en detalle, al punto de interiorizar su perfil sensorial en la memoria. Es necesario conocer muchas infusiones, especias, frutas y flores, sus propiedades y posibles contraindicaciones; también hay que saber cómo combinar las distintas variedades de té (con qué otros elementos combinan adecuadamente, y con cuáles se ven deteriorados o se deslucen), saber que el té es un producto de la naturaleza, y como tal, varía de una temporada a otra, de una cosecha a otra. Se deben estudiar los efectos de cada ingrediente, cómo evolucionan individualmente con el tiempo y cómo afectan la mezcla. Es preciso saber a quién estará dirigida la creación, conocer el gusto del consumidor y, principalmente, se necesita tener buen gusto y practicar, practicar, practicar... Siempre hay que recordar que *repetitio est mater studiorum*, o sea, la práctica es la madre del estudio.

Pablo Sarasate, el famoso violinista y compositor español que pasó treinta y siete años de su vida practicando catorce horas por día, sostenía que el camino hacia la excelencia tiene muchos momentos de pendientes escarpadas. Allí es donde comienzan a diferenciarse los grandes realizadores de los mediocres. El gran "secreto" de los genios, asegura, es el trabajo duro.

El estudio de los ingredientes y su conocimiento hace más acertada la selección de las materias primas para la elaboración de un blend. La elección del té base para un nuevo blend tiene que ver con qué otros ingredientes incorporaremos a la mezcla y cuál es el perfil sensorial que le daremos, qué características tendrá en cuanto a su carácter y las sensaciones que deseamos crear en el bebedor de este blend. Una persona que se quiera dedicar al tea blending sin conocimientos sobre el té y los demás ingredientes es como un pájaro con las alas rotas. Es necesario darse tiempo para asimilar no solo los conocimientos técnicos sobre el tea blending, sino también los que se adquieren de forma inconsciente al practicar, al mezclar, al degustar... Por eso es necesario reducir la ansiedad y darse tiempo para evolucionar en esta práctica. En tea blending la paciencia es una virtud necesaria.

⦚ Tipos de blends

En cuanto a su composición, podemos clasificar los blends en distintas categorías, diferenciados por los ingredientes que predominan en su fórmula. Así, existen blends:

- Especiados: en los que predominan las notas a especias como la pimienta, el cardamomo, el clavo, la canela, etcétera.

- Frutales: en los que predominan las notas a frutas como la papaya, el mango, la banana, la naranja, el limón, la bergamota, etcétera.

- Florales: en los que predominan las flores como la rosa, el jazmín, el azahar, etcétera.

- Herbales: en donde predominan notas a hierbas como la menta, el boldo, la melisa, etcétera.

- Golosos: en los que predominan notas a vainilla, cacao, chocolate, miel, crema, caramelo, etcétera.

- Blends de distintos tés: compuestos por diferentes variedades de tés, como en el caso del English Breakfast, formado por una mezcla de tés negros, generalmente Assam, Ceylon y Kenya.

No siempre la combinación de distintos ingredientes, que por separado son ricos, dará una mezcla satisfactoria. Sobre todo cuando las proporciones no permiten diferenciar sutilezas o deslucen la participación de alguno de los componentes presentes en la fórmula.

⬛▶ El tea blending como arte y técnica

El tea blending es tanto un arte como una técnica. Desde hace tiempo se cree que, mágicamente, de la nada, en un gran acto fantástico, se da la creación casi espontánea de un nuevo blend. No es que no haya arte en la creación de nuevos blends, la hay, y es una de las partes fundamentales del tea blending, pero no es solo eso. Como señalamos, el tea blender debe ser un vasto conocedor del té y de los ingredientes que utiliza en sus fórmulas, debe estudiar su evolución en el tiempo, cómo se ven afectados en la mezcla y sus períodos de validez. Debe ser muy prolijo en la

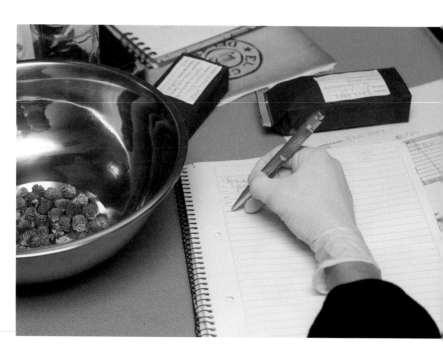

documentación de sus fórmulas, para poder replicar la mezcla muchas más veces. Debe conocer el arte de mezclar, el mejor orden de incorporación de los ingredientes, el tiempo que necesitan para su estabilización, los rangos de temperatura y tiempo de infusión de cada parte, para que al combinarse no se anulen o estropeen ingredientes, y muchos detalles más que hacen que el tea blending se convierta en una técnica. A lo largo de este libro describiré estas y otras particularidades que hacen a esta práctica, y que ayudarán al lector a iniciar su camino en el encantador mundo del tea blending.

Los blends clásicos

Son blends de tés o tea blends que históricamente se han consumido en países como Gran Bretaña, China y Japón, hoy convertidos en clásicos. Ejemplo de ellos son:

- **Earl Grey:** formado por té negro Ceylon o Yunnan con extracto de bergamota.

- **English Breakfast:** una mezcla de tés negros de Assam, Ceylon, Kenya, que a veces incluye Keemun.

- **Lapsang Souchong:** té negro de China (generalmente Yunnan) ahumado.

- **Russian Caravan:** una mezcla de Keemun y Lapsang Souchong.

- **Genmaicha:** blend de té verde Bancha con arroz tostado y maíz inflado.

⫸ Los nuevos blends

El estado del arte del tea blending va más allá de la mezcla de tés de origen que pretendía lograr la uniformidad de sabor en un gran volumen de té, y busca, en cada mezcla, obtener una pócima bebible. No me refiero al uso de la magia ni de hechizos, sino del enamorador poder del té de generar sensaciones, de transportarnos a lugares lejanos, a través de una taza. Ese es el objetivo del blending en nuestros días. Pasó de ser un proceso industrial de homogeneización, a ser un proceso artesanal de creación de piezas únicas y artísticas. Diversas mezclas con creativos nombres y colores que salen del clásico marrón y negro, y divertidas combinaciones de aromas florales y a frutas se transforman en objetos de apreciación tan complejos que pasan a ser pequeños tesoros para el consumidor. A través de los tea blends contemporáneos logramos generar bienestar, placer y disfrute.

⫸ Blending artesanal y blending industrial

Lo primero que debemos preguntarnos si decidimos dedicarnos al tea blending de forma profesional o comercial es: ¿para qué segmento del mercado diseñaremos nuestras mezclas? ¿Será para pequeñas tiendas de productos gourmet?; ¿será para destinar a la venta directa, de boca en boca?; ¿buscaremos distribuir nuestros productos en grandes cadenas de supermercados?

Esta pregunta es fundamental para decidir a qué tipo de blending nos dedicaremos. Más allá de que este libro dará las herramientas para optar por cualquiera de ellos, saber a quiénes estarán dirigidos los productos permitirá

optar por el tea blending artesanal o industrial, y todo el ba-
gaje de herramientas y procesos correspondientes a cada
estilo.

Cada uno de los segmentos de mercado mencionados
tiene requisitos diferentes. En un producto industrializado
se busca estabilidad, homogeneidad y coherencia orga-
noléptica de lote a lote. En otras palabras, se espera que
un producto industrial huela y sepa siempre igual. De uno
artesanal se esperan otras cosas: mayor creatividad y más
personalización. Estos requisitos van a impactar en el precio final del producto, lo que será una base de la cual partir
para establecer con qué materiales trabajar: con té de hoja

entera para tomar en tetera (té en hebras) o té de hojas rotas para envasar en un saquito o bolsita; con qué tipo de saborizantes (naturales o artificiales); qué estilo de packaging y materiales deberá tener el producto para que sea competitivo; si se hará uso de maquinarias para automatizar determinados procesos o si será necesario contratar personal que realice tareas manuales, etcétera.

El blending industrial se caracteriza por incluir trabajo con maquinaria o automatizaciones y produce objetos iguales o "en serie" a gran escala. Este es un tipo de trabajo menos personal que el tea blending artesanal, pero permite realizar productos en grandes cantidades a un costo generalmente más bajo. Da la posibilidad también de tener mayor homogeneidad en los productos (ya que se elaboran en grandes cantidades y se utilizan procesos mecánicos que imponen cambios insignificantes). El blending industrial posibilita abaratar ciertos costos (el de mano de obra es uno de los más altos), lo que permitirá acceder a un mercado más amplio que el artesanal. La artesanía como actividad material se suele diferenciar del trabajo en serie o industrial.

En el blending artesanal, el trabajo es realizado de forma manual por personas con mínimo auxilio de maquinaria o automatizaciones. En consecuencia, cada pieza es distinta de las demás. Esto le agrega un costo extra al producto, pero permite personalizar las partidas y dedicar más detalle a los ingredientes.

Al contrario del blending industrial, el artesanal cuenta con una alta proporción de trabajo humano con la consecuente creación de objetos únicos; se realiza en pequeña escala y hay un contacto personal con el producto que deviene en el arte de cada tea blender, y que genera belleza.

Intentemos definir primeramente qué es arte. Podemos decir que el arte es cualquier actividad o producto realizado por el ser humano con una finalidad estética o comunicativa, a través del cual se expresan ideas y emociones mediante diversos recursos. El arte es un componente de la cultura, transmite ideas y valores inherentes a cualquier cultura humana a lo largo del espacio y el tiempo.

El arte está ligado a la creatividad. El artista es capaz de crear. Aristóteles afirmaba que la finalidad del arte es dar cuerpo a la esencia secreta de las cosas, no copiar su apariencia. Dar cuerpo o forma a la esencia secreta de las cosas exige reflexión, búsqueda y creatividad. Una manera de enfocar ese deseo creativo es buscar la belleza en la creación, en nuestro caso: en el blend. Por lo tanto, el arte que genera un tea blender produce belleza. Se trata de una belleza que va más allá de la apariencia estética del blend. Es una belleza íntima, profunda, sublime de una mezcla; hija de un misterio indescriptible que le da sentido y le da gracia. La belleza sin gracia es solamente estética: atrae pero no enamora. ¿Cuál es la belleza que se buscar en un blend?

- Belleza visual
- Belleza olfativa
- Belleza gustativa
- Belleza cultural
- Belleza espiritual
- Belleza sentimental

Mezclar ingredientes como en una receta de cocina es muy fácil, pero hacerlo creando belleza, no lo es.

Capítulo 2
Los ingredientes

▩▩▩ MEDIANOCHE EN BEIJING ▩▩▩

Té negro, mezcla de especias chinas y flores azules. Un destello de luces en lo profundo de la noche.

Una taza de té es un pasaje al viaje más soñado.

Como dijimos al principio, los blends son mezclas de distintas infusiones (como el té) con otros ingredientes agregados, cuidadosamente seleccionados y combinados para dar una bebida especial para cada persona, para cada momento, con un encanto en particular. El tea blending es la técnica que utilizamos para obtener los blends. La elección de los ingredientes será determinada por el perfil que el tea blender quiera darle a su mezcla. En este sentido, la selección de los componentes de un blend tiene que ver con la apreciación sensorial de la mezcla final, tanto como con el objetivo que se desee lograr: el mensaje a transmitir o las sensaciones a generar.

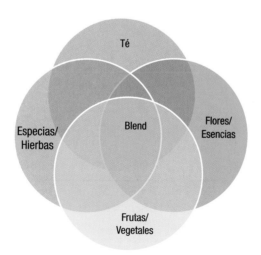

"Alicia: –¿Me harías el favor de decirme
qué camino debo tomar desde aquí?
Gato de Cheshire: –Eso depende
adónde quieras ir".

Lewis Carroll, en *Alicia en el País de las
Maravillas*.

No existen reglas matemáticas para la combinación de ingredientes. No hay fórmulas infalibles y, dada la hermosa diversidad del mundo de los aromas en general (y del mundo del té en particular), son infinitas las posibilidades de combinaciones. Podríamos sugerir mezclar especias con té negro y flores con té verde, pero a medida que se descubre la gran variedad de tés, y su complejidad, es posible encontrar variantes no esperadas: un té verde que combina perfecto con un conjunto de especias determinado o cierto té negro que armoniza con la sutileza de una selección de flores.

Kitti Cha Sangmanee de Mariage Frères asegura que beber té es una experiencia emocional, un ritual, y el blending es una elección personal. Como tal, las mezclas de té son una impresión muy personal, una proyección de nuestra propia personalidad y la mejor fuente de información para la combinación de sabores y té es el propio paladar.

Es importante resaltar que no cualquier ingrediente que se usa regularmente en la cocina es recomendado para hacer blends. Por ejemplo, existen algunos ingredientes que a los pocos días de incorporados al blend, bajo las condiciones de almacenamiento recomendadas para el té, se ponen rancios, lo que los convierten en ingredientes no aptos para el tea blending, como las nueces y las almendras naturales.

Sin embargo, hay una amplia variedad de ingredientes que puede ser utilizada para el tea blending. De hecho, el lector de España conocerá hierbas y frutas diferentes del lector de Turquía, y del de la Argentina y del Brasil, que probablemente puedan ser utilizadas en sus mezclas. Ahora, ¿cómo saber si un elemento es seguro? ¿Cómo saber si un ingrediente no tiene contraindicaciones o está literalmente prohibido para su comercialización? Para ello podemos recurrir, entre otras fuentes, al Codex Alimentarius.

El Codex Alimentarius, el "código de los alimentos", es un conjunto de normas internacionales referidas a los alimentos, su producción y seguridad alimentaria, adoptadas por la Comisión del Codex Alimentarius, creada por la FAO (Food and Agriculture Organization) y la OMS (Organización Mundial de la Salud), cuyo fin es proteger la salud de los consumidores y facilitar prácticas justas en el comercio de alimentos.

El Codex Alimentarius es una fuente de consulta sobre aspectos de higiene y propiedades nutricionales de los alimentos, con importante respaldo científico, y un punto de referencia internacional en los asuntos relativos a la calidad de los alimentos para consumidores, productores, elaboradores de alimentos, organismos de control y comercio alimentario internacional.

Cada país posee un marco regulatorio para alimentos. Por ejemplo, en la Argentina existe el Código Alimentario Argentino (CAA). El CAA es un reglamento técnico en permanente actualización, que establece las normas higiénico-sanitarias, bromatológicas, de calidad y genuinidad que debemos cumplir las personas físicas o jurídicas, los establecimientos y los productos. De cumplimiento obligatorio por ley, el CAA aplica a toda persona, firma comercial o establecimiento que elabore, fraccione o comercialice alimentos, bebidas o sus materias primas, y es la referencia obligada cuando queremos experimentar con nuevos ingredientes. En España la Agencia Española de Seguridad Alimentaria y Nutrición (AESAN) es el organismo que coordina las actividades relacionadas con la alimentación, cuyas competencias están transferidas a las diferentes Comunidades Autónomas. La AESAN es la conexión de España con la Agencia Europea de Seguridad Alimentaria (EFSA).

También existe una amplia bibliografía respecto de los efectos, a veces no deseables, de ciertas plantas, frutas y flores. Los lectores interesados pueden consultar la bibliografía citada al final de este libro.

Es importante consultar fuentes confiables a fin de estar informado antes de seleccionar un ingrediente nuevo para nuestros blends. En el capítulo 4 dedicaremos especial atención a los ingredientes más comúnmente utilizados en el mundo.

⫸ Partes de la planta usadas en blending

En la práctica del blending se utilizan distintos ingredientes de origen vegetal, como tallos, hojas, frutos,

semillas y flores. Se pueden emplear las diferentes partes de las plantas según sea conveniente. Los tallos pueden ser leñosos o herbáceos; externos o subterráneos. Uno muy usado es el del jengibre, que es un tallo subterráneo, con yemas y raíces, que crece de forma horizontal, llamado rizoma. Otros tallos son externos (como la canela, que se extrae del tronco del árbol de canela) o pueden ser parcialmente subterráneos, como en el caso del caudex.

De las flores se utilizan generalmente los pétalos o el pimpollo (o botón) entero.

Las diferentes partes de la planta sirven para hacer tisanas. Una tisana es una bebida caliente preparada a base de hierbas o plantas de las que se usan las hojas, tallos, raíces, flores o frutos. Si los ingredientes de la tisana se hacen hervir durante unos minutos en agua, se llama de-cocción. La decocción implica que las hierbas o plantas permanecen en el agua mientras esta hierve. Si, en cambio, las partes de la planta se dejan reposar en agua caliente durante unos minutos (fuera del fuego) se llama infusión. La infusión, entonces, se diferencia de la decocción por el hecho de que en la infusión la hierba o planta permanece en contacto con el agua fuera del fuego.

ⅢⅢ Té

El té será el protagonista de nuestras mezclas, ya que dedicamos este libro al tea blending. El té es la infusión de una planta originaria de China llamada *Camellia sinensis*. No todas las hierbas preparadas en infusión son té, aunque tenemos la costumbre de llamarlas así. Los tipos de tés, provenientes de la *Camellia sinensis*, que podemos utilizar son el té blanco, el té verde, el té amarillo (o dorado), el oolong (o té azul), el té negro (o rojo) y el dark tea (Puerh, Hei Cha).

Nos concentraremos en el té, como ingrediente princi-pal para nuestros blends, en el próximo capítulo. Presentaré una breve reseña sensorial de cada tipo y acercaré las no-tas de cata de las variedades más comunes. Esto ayudará al lector a amigarse con el té, sin que ello signifique aho-rrarse muchas horas de cata. La cata técnica es el medio a través del cual se logrará conocer en profundidad y asi-milar las características organolépticas de cada variedad. Para los lectores principiantes que deseen desarrollar sus capacidades sensoriales y practicar la técnica de cata les recomiendo consultar mi libro anterior, el *Manual del som-melier de té* para familiarizarse también con otros temas

técnicos sobre el té y con el protocolo de análisis sensorial, que les permitirá analizar las notas de cata de cualquier variedad de té con la que se encuentren. De esta forma, será mucho más fácil aprender a combinar los distintos tipos de tés con los ingredientes para el blending.

Ⅲ▶ Hierbas

Actualmente, se comercializan muchas hierbas con fines medicinales. Desde hace muchos años en Europa las infusiones sin cafeína han tenido gran aceptación. Es difícil establecer si las hierbas utilizadas en mezclas de té pueden tener efectos para la salud, tal como lo establece la

bibliografía sobre fitoterapia. Esto se debe a que no están estandarizadas las proporciones o cantidades que se utilizan para cada blend. Tampoco está establecida la forma de preparación y la dilución alcanzada, por lo que es muy difícil determinar exactamente si los ingredientes utilizados tendrán el efecto sobre la salud esperado al consumir la infusión.

En el tea blending se utilizan hierbas como albahaca, angélica, boldo, cedrón, eucalipto, ginkgo biloba, hojas de olivo, honeybush, jengibre (es un tallo subterráneo), lemongrass (hierba limón), melisa, menta, poleo, romero, romero, rooibos, salvia, tilo, tomillo, tulsi, yerba mate, entre muchas otras hierbas y hojas.

Cuando en el año 2009 me reuní en Londres con Giles Hilton, quien fue tea blender de Whittard of Chelsea durante más de treinta años, él ya recomendaba utilizar infusiones como el rooibos y el honeybush en las mezclas; mucha gente estaba inclinándose hacia las infusiones, hacia los descafeinados.

Es una buena práctica comprar hierbas frescas en huertas locales para asegurar el no uso de plaguicidas y fertilizantes, pero es necesario recordar siempre que no deben ser utilizadas inmediatamente de recogidas, sino que se las debe deshidratar. Una forma natural de deshidratar hierbas es atar las ramas por los tallos y colgarlas boca abajo en un lugar fresco y seco. En pocos días perderán la humedad y serán útiles para mezclar en nuestros blends.

En el ámbito profesional, existen máquinas deshidratadoras –como la que se muestra en la imagen–, que varían de tamaño según la necesidad, y extraen el agua de las hierbas e incluso de las frutas y flores, lo que las hace una herramienta muy útil para el tea blender.

Frutas

El uso de frutas es muy recomendado; aportan color, gusto, sensaciones táctiles en la boca y aroma al blend, pero debemos asegurarnos de que estén correctamente deshidratadas por métodos tradicionales o por liofilización (extracción del agua por frío). Ejemplo de las frutas más utilizadas en blending son: ananá (piña), banana, bergamota, damasco (albaricoque), durazno (melocotón), frutos rojos o frutos del bosque (como arándano, calafate, cereza, frambuesa, frutilla o fresa, grosella, guinda, mora), lima, limón, mandarina, mango, manzana, melón, naranja, papaya, pomelo, rosa mosqueta (escaramujo), uva, vainilla (la vaina es el fruto de la planta), entre otras.

Las frutas frescas contienen gran cantidad de vitaminas y minerales. Como mencionamos antes, en los blends se utilizan frutas deshidratadas. Si bien conservan algunos minerales, es muy difícil poder estudiar qué beneficios le aportan a la salud, ya que las cantidades son variables y no estandarizadas. La deshidratación debe estar correctamente realizada, de lo contrario estos ingredientes podrían aportar humedad a la mezcla y se podrían generar fermentaciones indeseables que cambian las características organolépticas de la mezcla.

Dentro del grupo de frutas más utilizado para realizar blends, el arándano es la que tiene mayor aval científico con respecto a los beneficios postulados para la salud. También los cítricos, de los que se emplean principalmente las cáscaras desecadas, tienen sus beneficios a través del aporte de aceites esenciales, aunque veremos más adelante las precauciones a tener en cuenta.

Especias

Cuando se utilizan especias en un blend, se debe saber que estas tendrán más intensidad aromática y pungencia si se las muele en partículas pequeñas. Cuanto más partidas las especias, más fuertes serán las notas especiadas en el blend. Por lo tanto, si solo se quiere dar un toque especiado a la mezcla, es conveniente utilizar la especia entera, sin moler. Si en cambio lo que se busca es una gran presencia del ingrediente en el blend, se lo puede picar, machacar o moler y así obtener todo el vigor de la especia en la infusión.

Las especias les dan un gran marco aromático a los blends; se suelen usar: anís en granos, anís estrellado, bayas de enebro,canela, cardamomo, cascarilla de cacao, clavo, coriandro, hinojo, pimientas (roja, verde, negra, blanca, de Jamaica, etcétera), etcétera.

IIID Flores

Las flores son una maravilla de la naturaleza, hermosas, de colores vivos, pero, atención, existen algunas especies en la naturaleza que son consideradas "venenosas" porque producen ciertos efectos no deseados sobre la salud al ser ingeridas. En general, en la infusión el efecto venenoso es casi despreciable, debido a la baja proporción en peso en toda la mezcla, y debido a que en un tea blend la flor no se ingiere, sino que solo se infusiona. Las flores más utilizadas en el tea blending son: aciano, amaranto, azahar, caléndula, cártamo o flor de azafrán, crisantemo, durazno, hibisco, jazmín, lavanda, lila, madreselva, malva, manzanilla, osmanthus, peonías, rosas y sauco.

Sin lugar a dudas, las flores le aportan minerales a la infusión, ya que esta parte de la planta es rica en distintos elementos como potasio, magnesio, selenio, manganeso. Es muy difícil establecer la cantidad de minerales aportados en cada infusión, ya que depende del grado de dilución, las reinfusiones que se realicen y la concentración de flores en la mezcla.

Hay que recordar que además de las hojas, semillas, frutos y flores, se pueden utilizar otras partes de las plantas como bulbos (cebolla), rizomas (jengibre) o tubérculos (papa o patata). Es interesante incorporar al blend ingredientes no convencionales, como ciertas verduras. La

zanahoria, la remolacha y el zapallo pueden aportar color y dulzor a la infusión, además de interesante sabor. La variedad de ingredientes que se pueden utilizar en los blends es indeterminada, ya que en distintas regiones del mundo se dispone de diferentes elementos y la creatividad permite estar en un continuo descubrimiento. Para crear algo nuevo a partir de elementos preexistentes a veces es necesario hacer las cosas de diferente forma, o cambiar el paradigma y comenzar a considerar lo que antes era impensado. Como dice el antiguo proverbio chino: "Si no cambiamos de rumbo, es probable que terminemos en el lugar al que nos dirigíamos".

Es una buena idea probar blends con ingredientes nuevos, exóticos y desconocidos, pero debemos recordar siempre que cada vez que elijamos un nuevo ingrediente para blendear, debemos estudiarlo. Tenemos que estudiar su mejor forma de preparación considerando el mejor tiempo de infusión y la correcta temperatura del agua, los efectos del ingrediente sobre la infusión: ¿afecta el color, sabor o aroma de la infusión?, y los posibles efectos sobre la salud humana. Uno de los puntos más importantes a tener en cuenta a la hora de seleccionar ingredientes es la toxicidad que pudieran tener. Así como también las contraindicaciones de algunos componentes con respecto a ciertas patologías o a la toma de medicamentos.

Ⅲ▶ Esencias

Los aromatizantes y saborizantes se llaman de forma genérica "esencias". Sirven para dar aroma y sabor a las mezclas y se presentan en distintas formas: líquidos y sólidos, en forma de granulado, de cápsulas o de polvo.

Dependiendo del tipo de té que se trabaje (en hebras destinado a té suelto o de hoja partida destinado a saquitos) se recomienda el uso de diferentes tipos de esencias.

Existen muchos sabores de esencias: cítricos, frutales, herbales, especias, florales, golosos, lácteos como la crema o el aroma a leche. Incluso en un laboratorio se pueden crear esencias artificiales con gusto a chocolate, dulce de leche o whisky. También se desarrollan sabores a pollo asado o carne cocida, pero no creo que sea el caso que nos interese aquí.

Es importante dedicar un tiempo a la selección de las esencias y solicitar al proveedor distintas muestras de

cada sabor, ya que existen variantes con sutiles diferencias que pueden influir en el resultado que se obtendrá en los blends. Por ejemplo, si se desea comprar una esencia de naranja, seguramente el proveedor podrá facilitar decenas de muestras de distintos sabores (todos de naranja), más amargos o más dulces, más perfumados o más especiados, más intensos o más sutiles…

Dedicaremos el capítulo 5 a los aromatizantes y saborizantes.

⫸ Ingredientes no recomendados

Existen ingredientes que por diversos motivos no recomendaré utilizar en los tea blends. Esto se debe a que pueden deteriorar la calidad del licor (como por ejemplo la utilización de trocitos de chocolate) o porque su vida útil es demasiado corta en comparación con los demás ingredientes del blend (como las nueces y almendras, que en pocos días se ponen rancias, y transmiten ese olor a todo el blend). Sugiero no utilizar los siguientes ingredientes:

- Azúcar

- Dulce de leche

- Cualquier ingrediente con alto contenido graso como chocolate en trocitos

- Cualquier tipo de masa como cookies, brownies o galletitas

- Nueces, almendras, maníes, piñones, etcétera

- Ingredientes de base acuosa como flores de Bach o saborizantes acuosos.

▥ Compra de insumos

Dado que en el tea blending, además del té, se utilizan ingredientes diversos como hemos visto antes, será necesario analizar, según la economía de cada país, la posibilidad de trabajar únicamente con ingredientes locales (dando una fuerte marca regional al producto) o utilizar elementos importados de distintos orígenes. En este caso, existen distribuidores que proveen gran variedad de materias primas a los que se puede comprar todo lo necesario para hacer tea blends.

El precio del té está formado por dos factores: uno intrínseco y uno sensorial. El primero está dado por la información presente en la etiqueta o descripción del producto (el tipo, origen, grado y forma de la hoja). Cada variedad de té tiene un rango de precios intrínseco conocido en el mercado. El segundo, por las propiedades organolépticas particulares de cada té que pueden ser evaluadas por un experto (su

licor, su gusto, aroma y sensaciones en boca). El precio final de un té estará dado en parte por el precio intrínseco, y
en otra parte, más importante aún, por sus características
sensoriales. Por eso, más allá de la apariencia de las hojas,
que nos darán un indicio de lo que podríamos encontrar en
la taza, es fundamental catar cada variedad y así evaluar
correctamente cada té.

El té y otros insumos se pueden comprar de tres formas: en subastas, directamente de los productores o de mayoristas. Vamos a concentrarnos en las dos últimas opciones, ya que para la primera es necesario estar presente en alguna de las regiones productoras de té donde se desarrollan subastas (India, Sri Lanka, África, Indonesia, Japón…).

ⅢⅢ▶ Compra directa al productor

Una opción para proveer al negocio de té y otros insumos para blendear es contactar directamente al productor de la variedad que se desea comercializar, y realizar la compra. Cualquier comprador de té ahora puede tratar directamente con fincas individuales para comprar los productos que desee. Una gran ventaja de tomar este camino es la relación directa con el productor, el aprendizaje sobre el producto que se logra y la posibilidad de adecuar el pedido a las necesidades propias (negociando los montos mínimos de compra, selección o adecuación del producto, estableciendo condiciones de envío o el packaging necesario en el transporte). Las empresas no hacen compras, establecen relaciones. Una desventaja de este sistema es la necesidad de crear lazos con muchos productores diferentes: tantos como variedades de té, especias, flores, frutas y hierbas se desee tener en el negocio. Además, se suma el límite cultural, de comunicación dado por los diferentes idiomas que se hablan y distintas costumbres a la hora de negociar, como, por ejemplo, el regateo.

Es necesario mencionar que el mercado del té fluctúa, y los precios se ven afectados muchas veces por factores climáticos como sequías o inundaciones. Es importante conocer el mercado y saber cuándo es mejor comprar.

Por ejemplo, cada temporada, cuando llegan las primeras cosechas de China y Japón, los precios tienden a subir, y permanecen altos por un tiempo. Luego viene un período en el que suele haber abundante cantidad de té a precios altos, y si la demanda no es suficiente para que se venda el té en grandes lotes, el precio baja, y se crea la oportunidad de comprar a precios más bajos. Luego suele venir un período de estabilidad salvo que ocurran eventos desfavorables.

En general, si se compran pequeñas cantidades los precios se van a mantener relativamente estables durante el año salvo los aumentos inflacionarios o períodos de baja producción.

Otro factor que está cambiando el paradigma en las plantaciones de té y otras infusiones es el incremento en el precio de la mano de obra a nivel mundial y su escasez. Cada vez más gente se muda a las ciudades y menos familias se dedican a la agricultura y a los procesos manuales de recolección de hojas, lo que produce que los precios suban de forma alarmante.

▦▶ Compra a través de mayoristas/ distribuidores

Los mayoristas son compañías que se ocupan de concentrar gran variedad de ingredientes de distintos productores, y principalmente tés de diferente origen. En general, se encargan de realizar los controles pertinentes de residuos de plaguicidas y fertilizantes. Estas empresas compran los productos a granel de las diferentes regiones del mundo, realizan mezclas o blends de tés o de frutas a pedido del cliente, proveen infusiones de hierbas e ingredientes saborizantes y especias, también muchas proveen accesorios como teteras, envases para el almacenamiento del té, packaging, equipo para preparar la infusión, lo que las convierte en una opción muy práctica a la hora de abrir un negocio: todo puede comprarse a un solo proveedor, en un solo pedido, con una sola importación.

Cualquiera sea la elección, hay algunos conceptos que se deben tener en claro para reducir al mínimo el riesgo de equivocación cuando se hace una compra.

Vale aclarar que siempre es recomendable solicitar muestras de los productos que se desea comprar antes de hacer el pedido. Solo al probarlos determinaremos su verdadera calidad. Sin embargo, herramientas como los grados (para el té negro únicamente) y las certificaciones pueden dar información útil a la hora de seleccionar tés y otros ingredientes de un catálogo.

⫸ Certificaciones

Las certificaciones son una herramienta muy importante al momento de comprar insumos para el blending, porque brindan información adicional acerca del producto. Nos pueden indicar si un té, una fruta o una especia han sido producidos bajo condiciones de sustentabilidad ambiental, si se aplicaron normas de comercio justo, si se trata de un producto orgánico, etcétera. Esto no significa que si un ingrediente no tiene ninguna certificación sea malo. Puede suceder, por ejemplo, que un muy buen té no tenga ninguna certificación y sea sensorialmente muy bueno. De hecho, las certificaciones no hacen referencia al perfil sensorial del producto. Esto significa que no nos dan información acerca de las notas de cata, de cómo sabe ese ingediente, si es rico o es feo, sino que nos brindan información acerca de los procesos de producción, métodos de cultivo y controles aplicados durante y luego de su elaboración. Para eso existen organismos internacionales que elaboran estándares sobre los que se aplican los controles, y luego hay entidades independientes que realizan auditorías para otorgar estas certificaciones sobre el producto en sí o sobre los métodos aplicados en su elaboración.

Productos orgánicos

Los productos orgánicos, ecológicos o bio son cada día más populares. Se trata de hierbas, frutas, flores, especias o tés que se cultivan sin el uso de químicos, bajo condiciones estrictamente controladas y certificadas. Esta certificación busca maximizar el uso de recursos de la finca, conservar la fertilidad del suelo y la actividad biológica natural, minimizar el uso de los recursos no renovables y prohíbe el empleo de fertilizantes y plaguicidas sintéticos para proteger el medio ambiente y la salud humana. Muchas veces estos requisitos hacen que los productos orgánicos sean más caros que los convencionales.

Sin embargo, en la producción de hierbas, frutas, especias y tés convencionales (no orgánicos) existen controles exhaustivos y otras certificaciones que garantizan la inocuidad de los alimentos y su bajo contenido de residuos plaguicidas, y que hacen su consumo totalmente seguro. Es importante conocer las certificaciones que los provee- dores de insumos para el blending pueden ofrecer, ya que cada vez más personas hacen un consumo responsable y buscan información acerca del origen del producto que compran. Jeremy Sturgess, tea blender de Twinings, afirma que hoy en día, los consumidores son mucho más curiosos acerca de la procedencia de los ingredientes y las condi- ciones en que se producen, de forma que poder compartir esto con los clientes es muy valioso, ya que aumenta la comprensión y apreciación de lo que nosotros como com- pradores de té y tea blenders estamos tratando de lograr.

Existen certificaciones[1] que garantizan que un ingre- diente es amigable con la naturaleza o no hace uso de trabajo infantil o esclavo, entre muchos otros temas. Al mo- mento de comprar insumos para hacer blends se pueden considerar algunas de estas certificaciones para elaborar un producto ecológico, sustentable, responsable o simple- mente para la propia tranquilidad. Veamos algunas de esas certificaciones:

BRC Global Standards (Estándares Globales del British Retail Consortium): programa global de certificación para el aseguramiento de la calidad y la seguridad uti- lizado por proveedores y minoristas para facilitar la estandarización de la calidad, seguridad, criterios de operación y el cumplimiento de las obligaciones legales de los fabricantes. También ayuda a proporcionar pro- tección al consumidor.

---

1. FAO: Food and Agricultural Organization of the United Nations.

ETP (Ethical Tea Partnership): formada en 1997 en el Reino Unido, es una alianza no comercial de compañías de té internacionales que trabajan juntas para mejorar las condiciones sociales y ambientales en sus cadenas de suministro.

EUREPGAP: es un programa privado de certificación voluntaria sobre sanidad y rastreo de los alimentos. Promueve buenas prácticas de agricultura: Good Agricultural Practice (GAP).

FAIR TRADE (Comercio justo): pretende mejorar las condiciones de los trabajadores de las fincas donde crece o se elabora el té, así como también proteger los intereses de los pequeños productores y los trabajadores de plantaciones agrícolas.

HACCP (Sistema de Análisis de Peligros y de Puntos Críticos de Control): permite identificar potenciales peligros y amenazas a la sanidad alimenticia, y recomienda medidas para su control y eliminación.

IMO Control (Institute for Marketecology Control): certificación para el aseguramiento de la calidad y sustentabilidad de los productos.

ISO 9000 (International Organization for Standardization): norma de aseguramiento de la calidad.

ISO 14001: tiene el propósito de apoyar la aplicación de un plan de manejo ambiental en cualquier organización del sector público o privado.

ISO 22000: norma de aseguramiento de la seguridad alimentaria.

RAINFOREST ALLIANCE: aspira a trabajar para conservar la biodiversidad y asegurar que las personas que

viven de la agricultura lo hagan de una forma sustentable mediante el cambio de prácticas de uso de la tierra, prácticas comerciales y del comportamiento del consumidor.

SA8000: es una certificación voluntaria, que fue creada por una organización estadounidense llamada Responsabilidad Social Internacional (Social Accountability International - SAI), con el propósito de promover mejores condiciones laborales.

USDA Organic: certificación otorgada por el Departamento de Agricultura de los Estados Unidos (USDA: United States Department of Agriculture).

UTZ: es un sistema de provisión agrícola sostenible que controla el uso de buenas prácticas, y responsabilidad social y ambiental.

Capítulo 3
El té

◼◼◼ AMOROSO ◼◼◼

*Té blanco con extracto natural de vainilla
y flores de amaranto.
Un abrazo cálido en la taza y un mimo
para el alma.*

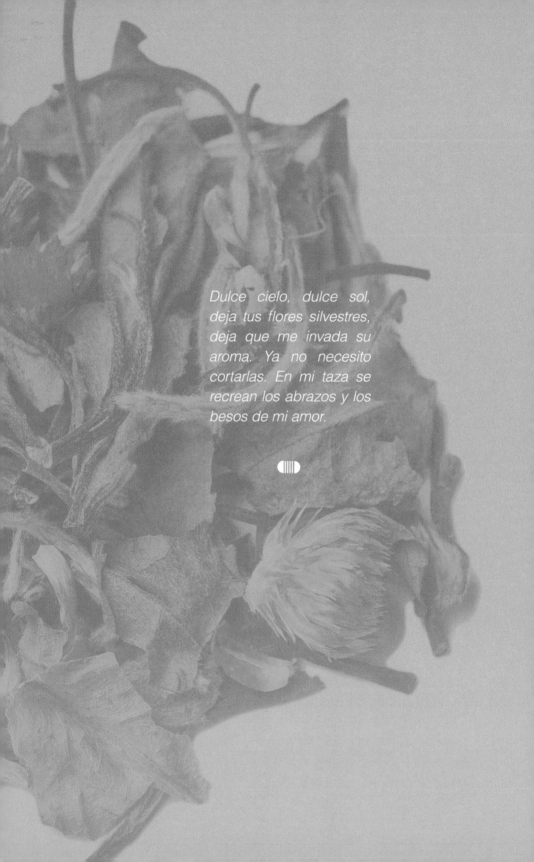

Dulce cielo, dulce sol, deja tus flores silvestres, deja que me invada su aroma. Ya no necesito cortarlas. En mi taza se recrean los abrazos y los besos de mi amor.

Las variedades de tés disponibles en el mercado son más de las que podemos probar en un año. No solo se encuentran disponibles clásicos tés de origen como el Ceylon, el Sencha o el Assam, sino que también podemos trabajar con innumerables variedades de tés únicos, que desarrollan los productores en distintas partes del mundo: los *single estates*. Se trata de tés producidos en plantaciones que poseen condiciones particulares de suelo y a los que se aplican técnicas de procesamiento de hojas singulares, de forma tal que se obtienen tés personalizados, únicos.

Cada día nos enteramos de la producción de té en lugares antes impensados, como Italia o Francia. También países que tradicionalmente elaboraban una variedad de té, como el caso del té verde en Japón, se están lanzando a producir otras variedades, como té negro, oolong, etc. Esta amplia variedad nos da la posibilidad de experimentar con muchos tés y de seleccionar la calidad que necesitamos en función de nuestro negocio o presupuesto.

Por eso, virtualmente cualquier variedad de té podría ser mezclada para crear un blend original.

La pregunta siempre es: ¿qué té se debe comprar para empezar a blendear?; ¿cuáles son las variedades más recomendadas? La respuesta es: todas. Todos los tés son susceptibles de ser blendeados, y son potencialmente buenas bases para tea blends. Lo importante es saber de

antemano qué se quiere obtener de la mezcla, para poder elegir el té que brinde lo que se está buscando. Conociendo lo que queremos obtener (en cuanto al perfil sensorial –queremos un blend dulce o uno especiado, etcétera– o en cuanto a lo económico –queremos un blend de alta gama o buscamos un producto que pueda comercializarse masivamente en grandes tiendas o supermercados-), elegiremos una determinada gama de tés para mezclar.

Lo más sencillo es empezar por definir qué características no debe tener un té que se utilice en un blend. Un té que usaremos para mezclar no debe tener defectos. No obtendremos un buen blend a partir de un té con defectos. Aunque se usa mucho la técnica de blending para ocultar defectos, no es algo que profesionalmente podamos recomendar.

Al final de este libro aprenderemos a identificar y describir defectos en el té y en los demás ingredientes, lo que nos permitirá comenzar nuestra tarea de blending seleccionando solo las mejores materias primas.

⦙⦙⦚ La milenaria historia del té

El té tiene origen en Oriente, donde se lo conoce y disfruta desde hace miles de años. Aunque hay muchos mitos y leyendas en torno a su descubrimiento, elijo presentarles la versión china, que me resulta la más bella de todas.

Cuenta la leyenda que el té fue descubierto por el emperador chino Shen-Nung, llamado "El labrador divino", hacia el año 2750 a. C. Shen-Nung estaba descansando bajo un árbol, cuando le acercaron un cuenco con agua caliente para saciar su sed. En ese momento, el viento hizo que unas hojas del árbol cayeran dentro del cuenco del emperador. Sin importarle, Shen-Nung bebió el brebaje, lo que le hizo sentirse refrescado y con el cuerpo relajado, a la vez que su mente se vio alejada de todos sus problemas. Así es como se cree que Shen-Nung descubrió el encanto de esta bebida. A partir de ese momento, hizo preparar la infusión de las hojas de ese árbol (el del té) para él.

⦙⦙⦚ ¿Qué es el té?

Como vimos, el té es la infusión de una planta originaria de China llamada *Camellia sinensis*. Se conocen tres subespecies autóctonas de distintas regiones:

⦙⦙⦙ China: *Camellia sinensis sinensis*

⦙⦙⦙ India: *Camellia sinensis assamica*

⦙⦙⦙ Camboya: *Camellia lasio calyx*

Las variedades que más se consumen como infusión son la *Camellia sinensis sinensis* y la *Camellia sinensis assamica*. Es una planta perenne que puede llegar a convertirse en árbol, pero se la suele mantener mediante la poda en forma de arbusto para facilitar la cosecha de sus hojas. Crece en regiones de clima tropical y subtropical (cálido y húmedo), y también se adapta a otras condiciones climáticas. En países como China soporta crudos inviernos, y en las zonas con mucho sol, se siembra bajo la sombra de árboles.

Los mejores tés se obtienen de regiones de temperatura entre 10°C a 35°C, lluvias de entre 2000 a 2300 mm al año y una altura entre los 1200 y 1800 msnm., aunque la planta puede crecer en zonas bajas y también superar los 2100 msnm.

Todo lo que denominamos "té" está elaborado con hojas y brotes de distintos varietales de la misma planta: la *Came-*

llia sinensis. De esta planta se obtienen todas las variedades: el té blanco, verde, amarillo, oolong, negro y dark tea.

El té es una infusión, pero no todas las infusiones son té. La infusión de otras plantas como la menta o el rooibos no deberían llamarse té, sino tisanas o infusiones en general.

Los tés de origen son los que vienen de una región o área determinada y no tienen nigún agregado. Los conocemos con el nombre de la región donde se producen (como el Yunnan) o por su nombre de fantasía (como el Lung Ching, que significa "pozo de dragón").

IIIIꝓ Campos o plantaciones de té

Las plantaciones de té se encuentran en zonas rurales o campos cercanos a ciudades. Cada plantación o cada región productora tienen características únicas que forman el *terroir* o terruño del té. Parte de este *terroir* está dado por la

geografía del lugar, las características del terreno (pendiente, altura, composición), el clima (cantidad de sol, cantidad de sombra, humedad, temperatura, vientos, heladas), la vegetación aledaña, etcétera. Pero el perfil sensorial de un té está dado por muchos factores: el *terroir*, el método de cultivo, y los procesos de elaboración que se aplican a las hojas en una fábrica determinada.

Ⅲ▶ Cultivo y cosecha del té

Históricamente, la planta de té se ha cultivado en Oriente, principalmente en China y en Japón. Luego se fueron incorporando a su producción otros países como India y Sri Lanka. Más tarde se sumaron otros como Taiwán, Kenia, Malawi, Turquía, Indonesia, Vietnam y la Argentina. En la actualidad, el té se cultiva en más de cincuenta países debido al avance de la tecnología y al cambio climático.

La cosecha del té se realiza en períodos de 7-28 días para darle tiempo a la planta a que produzca nuevos brotes a ser cosechados, pero este período depende del clima y de la estación del año.

En las regiones cercanas al ecuador y donde el clima es más cálido y uniforme, la cosecha continúa todo el año. En regiones con estaciones marcadas, el té se cosecha desde el comienzo de la primavera hasta el fin del otoño o comienzos del invierno. Por ejemplo, en países como Australia, Burundi, Camerún, Indonesia, el sur de la India, Kenia, Mauricio, Papúa Nueva Guinea, Perú, Ruanda, Sri Lanka, Tanzania, Uganda, Vietnam y Zimbabue, la cosecha se extiende durante todo el año. En Azerbaiyán, Bangladesh, China, norte de India, Japón, Malasia, Myanmar y Taiwán va desde marzo o principios de abril hasta octubre o

noviembre. En Turquía comienza en mayo y termina en septiembre. La época de recolección de hojas en Georgia, Irán y Rusia empieza generalmente en marzo o abril y culmina en septiembre. En la Argentina, el Brasil y Sudáfrica, dado que estos países se ubican en el hemisferio sur, la época de cosecha se invierte, extendiéndose desde octubre hasta fines de abril o comienzos de mayo. En Ecuador se cosecha todo el año menos en julio. En Malawi y Mozambique se exceptúan para la cosecha los meses más fríos de julio y agosto.

Cada región productora de té del mundo tiene sus propias técnicas de cosecha, y los brotes y hojas son recogidos en momentos específicos del año para hacer un tipo de té en particular, por ejemplo, un *first flush* (primera cosecha), un *second flush* (segunda cosecha), un *autumnal* (té otoñal) o el *frost tea* (té cultivado en los fríos meses de invierno) son muy diferentes entre sí aunque provengan todos de la misma región productora o incluso del mismo jardín.

Es más que interesante probar y "amigarse" con toda variedad de té que llegue a las manos. Cuantos más tés se conozcan, más se estará alimentando la memoria sensorial y se tendrán más chances de crear buenos tea blends.

La cosecha del té se realiza básicamente mediante dos métodos: manual o mecánico. Los mejores tés se cosechan a mano porque el cosechador (o despuntador) puede seleccionar cuidadosamente las mejores hojas, eligiendo un brote y una o dos hojas. En las regiones del mundo donde la mano de obra no está fácilmente disponible o es muy cara, las fincas o *tea estates* tienen que usar alguna clase de recolección mecánica.

El tipo de cosecha se denomina en función de la cantidad de hojas, unidas a un mismo tallo, que se recogen a la vez:

- Cosecha imperial (b+1): 1 brote + 1 hoja
- Cosecha fina (b+2): 1 brote + 2 hojas
- Cosecha ordinaria (b+3): 1 brote + 3 hojas

Las variedades de té

Todas las variedades de té vienen de la misma planta (la *Camellia sinensis*). La diferencia entre los distintos tipos radica en los procesos que sufren las hojas. Veamos las principales características de las distintos tipos de tés.

ⅢⅣ Té blanco

Los tés blancos son los menos procesados de todas las variedades. En general, son suaves y livianos, de poco cuerpo y color, pero muy complejos. Este tipo de té en general se elabora solo con los brotes tiernos de la planta o con los brotes y las primeras hojas jóvenes, lo que le impone un sabor mucho más delicado y dulce, aunque también existen variedades de té blanco compuestas únicamente por hojas como el Shao Mee.

Inicialmente, el té blanco fue producido en la provincia de Fujian, China, pero hoy otros países lo elaboran, como Sri Lanka, India y Nepal.

Los tés blancos tienen un perfil sensorial complejo aunque delicado. En general, tienen notas a rosas, vegetales cocidos, tomillo y pan tostado. Son los más difíciles de mezclar, dado que muchos de los ingredientes que podríamos agregar a este tipo de té podrían fácilmente enmascarar sus propiedades organolépticas, dejando a este delicado y exquisito té fuera del foco de atención de la mezcla. Debemos recordar siempre que un buen blend realza y luce el té base con que está elaborado. Si en nuestra mezcla lo que se percibe es únicamente el agregado, nuestro blend es un fracaso.

Los tés blancos más conocidos son el Yin Zhen Silver Needles (Fujian, China) y el Pai Mutan (Fujian, China).

IIID Té verde

Los tés verdes en general son mucho más suaves y livianos que los tés negros, pero más intensos y con más cuerpo que los blancos. Su proceso de elaboración característico es la fijación que evita que el té se oxide.

En esta variedad encontramos más aromas y sabores amables vegetales y, en algunos, aparecerán notas tostadas. Esto los hace muy versátiles para mezclar, aunque no son tan dóciles para la mezcla como los tés negros. No se puede usar cualquier ingrediente en un blend de té verde, y su origen es primordial para conocer su perfil sensorial y así desarrollar una buena mezcla.

El té verde se produce actualmente en todo el mundo, pero los mejores continúan proviniendo de China y Japón. Los chinos son más suaves, dulces, aromáticos y delicados que los de Japón y se caracterizan, en general, por ser livianos y por tener sutiles notas a vegetales cocidos y nueces tostadas, poca astringencia y licor dulce. Los tés verdes japoneses son más intensos y astringentes, y en su experiencia sensorial predominan las notas a vegetales crudos, algas y limón.

Los tés verdes más conocidos son el Maofeng, el Gunpowder y el Lung Ching (de China) y el Sencha y Bancha (de Japón).

⦚ Té amarillo o dorado

El té amarillo, también llamado "dorado", es producido en pequeñísimas cantidades principalmente en la provincia de Hunan, China. Aunque en regiones como Darjeeling (India) y Sri Lanka se están produciendo algunos tés de este estilo, no se ha logrado la complejidad y sutileza

de los tés amarillos chinos. Es un tipo de té poco común, por lo que no es un ingrediente que se utilice con frecuencia en el tea blending.

El tea blender Michael Harney, hijo del fundador de la compañía norteamericana Harney&Sons, afirma que el té amarillo o dorado refleja lo mejor de todos los demás tipos de tés: tiene la dulzura del té blanco, el suave sabor vegetal del té verde, el intenso y variable aroma del oolong y ese delicado dejo especiado del té negro chino.

En general, despliegan notas a flores rojas, vegetales asados y ahumadas.

Los tés amarillos más conocidos son el Jun Shan Yin Zhen y el Huang Cha Maofeng (de China).

⫸ Té oolong o té azul

Los oolongs son de los tés más complejos. Su perfil sensorial varía según su nivel de oxidación y su grado de enrollado. Así, surgen las categorías de oolong de jade (de un color verde azulado, con bajo nivel de oxidación y hojas fuertemente apretadas, enrolladas); luego se encuentran los oolongs oscuros (de hoja abierta y color amarronado); y finalmente los oolongs horneados, o *baked oolongs*, son tés que han sido secados por más tiempo de lo normal para desarrollar un sabor más complejo, o bien, que fueron horneados de forma adicional por el comerciante que los vende, fuera de la fábrica. Cada uno se expresa de forma muy diferente en la taza, y aun dentro de cada una de estas categorías, las distintas variedades ofrecen notas más tostadas o más florales o más dulces. Los oolongs son todo un mundo para descubrir.

En los oolongs de jade solemos encontrar notas a manteca, banana, durazno, papaya y flores blancas. En los oolongs oscuros, a damascos, peras pasas y orejones, miel y tostado sutil. En los oolongs ámbar (horneados) suelen predominar notas a cacao, café, intenso tostado y orejones.

Los oolongs más conocidos son el Tie Kuan Yin y el Da Hong Pao (de China) y el Dong Ding, el Ali Shan, el Oriental Beauty y el King Hsuan (de Taiwán).

▌▶ Té negro (conocido en China como "té rojo")

Esta variedad de té está completamente oxidada.

Existen dos grandes grupos de tés negros ("rojos", como los llaman en China): los ortodoxos y los CTC. Los ortodoxos, elaborados con los métodos tradicionales mayormente manuales y con poca ayuda de maquinaria, son tés amables y complejos en cuanto a su expresión sensorial. Suelen mostrar mucha expresión aromática en la nariz y en la boca, y una buena intensidad de sabor. Los segundos, los producidos con el método mecánico CTC (Cut, Tear, Curl) suelen ser de gran carácter, intenso sabor y astringencia, muy utilizados en mezclas especiadas como los chais de la India.

Los tés negros chinos en general son suaves, amables y poco astringentes. Poseen notas ahumadas, a madera, orejones, cacao y tabaco. En los tés negros de India encontraremos notas florales y a frutas rojas, como ciruelas pasas y tabaco. Los de Sri Lanka suelen tener notas a cítricos, frutas pasas y madera.

Los tés negros más conocidos son el Yunnan y el Keemun (de China), el Assam y el Darjeeling (de India) y el Ceylon (de Sri Lanka). Muchos tés interesantes se fabrican en distintos países del mundo. En particular algunos tés de África (como los de Kenia y Malawi) son muy usados en blending por su intenso color y sabor.

El té

⫸ Dark tea (conocido en China como "té negro")

Los dark teas en China son llamados "tés negros" y no hay que confundirlos con los tés rojos. En su proceso de elaboración atraviesan una etapa de fermentación que les otorga un carácter muy particular, y son los únicos que poseen esta característica. Los dark teas más famosos son el Puerh y el Hei Cha. Los Puerhs provienen de la provincia de Yunnan, China, y los Hei Chas, de Hunan.

Los dark teas son los únicos tés que se añejan, o sea que mejoran con el correr de los años de forma opuesta a los demás tipos de tés (no fermentados) que pierden su frescura y aroma a medida que pasa el tiempo.

El perfil sensorial de los dark teas es totalmente diferente de los demás tés. Suele tener notas terrosas, a polvo y humedad sin que esto sea un defecto. También solemos encontrar madera mojada, aserrín, algas, frutas pasas y malta, y a medida que el dark tea envejece en buenas condiciones de almacenamiento, las notas a frutas pasas se acentúan y el té se hace más redondo y amable en la boca, lo que justifica la espera para su añejamiento.

Existen dos tipos de Puerh: el crudo (verde) y el cocido (también llamado maduro o madurado). El Puerh crudo (verde) está elaborado con el método tradicional. El Puerh cocido (también llamado maduro o madurado, *ripe* en inglés) se elabora con un método más moderno, que trata de conseguir un perfil sensorial similar al Puerh crudo añejo, pero sin tener que esperar mucho tiempo a que se desarrolle. El Puerh se puede encontrar en hebras o compactado en distintas formas como ladrillos, nidos, discos, etcétera.

Normalmente el Puerh que utilizamos para blendear, estará en forma de hebras sueltas y será cocido (aunque se puede conseguir Puerh crudo en hebras, pero este evolucionaría mucho en el tiempo, de forma que será difícil definir una fórmula de blending fija).

Es importante explicar que algunos libros y artículos mencionan el Puerh como "té rojo", lo cual es un error. El té rojo es el que en Occidente conocemos como "té negro". En China, a nuestro té negro lo llaman "té rojo". Al Puerh en China se lo conoce con este nombre o como "té negro" y debemos traducirlo *dark tea*. Para evitar confusiones, cada vez que se hable de "té rojo" en este libro, se estará hablando de nuestro tradicional té negro (occidental) y al Puerh se lo llamará por ese nombre.

Lo más importante en cuanto a las distintas variedades de té es recordar que cada tipo se obtiene variando los procesos que sufren las hojas. A continuación, recomiendo algunos tés interesantes de conocer para iniciarse en el tea blending:

⦚ Origen: China

- ▥ Tés de Fujian: Huang Tian (té verde), Tie Kuan Yin (oolong), Golden Monkey (té negro), Lapsang Souchong (té negro ahumado), tés verdes con jazmín y tés blancos.

- ▥ Tés verdes de Zhejiang: Anji White Virgin, Lung Ching, Maofeng, Tian Mu Yun Lo, Gunpowder, entre otros.

- IIII Tés de Anhui: té negro Keemun, y el amarillo (o dorado) Huo Shan Huang Cha.
- IIII Tés de Hunan: té dorado Jun Shan Yin Zhen y Hunan Hei Cha.
- IIII Tés de Yunnan: té negro Yunnan y dark teas como el Puerh.

IIII Origen: India

- IIII Tés de Darjeeling: se puede elegir entre la primera cosecha (*first flush*), la segunda cosecha (*second flush*) o el otoñal (*autumnal*). Es muy interesante el *first flush* de Tukdah Tea Estate y el *second flush* de Tumsong Tea Estate.
- IIII Tés de Assam: aunque la región geográfica es muy extensa y se producen muchos tés negros interesantes por su cuerpo e intensidad de sabor, vale la pena probar el Maud y el Dhelakat.
- IIII Tés de las Nilgiri Hills: son muy especiales los tés ortodoxos de Coonoor Tea Estate, en particular el **frost tea** (té de los meses más fríos del año), pero existe también gran variedad de tés estilo CTC que resultan versátiles para blendear.

IIII Origen: Sri Lanka

- IIII Tés negros de Hill Side (*Low-grown*).
- IIII Tés negros de Kenilworth (*Mid-grown*).

La alquimia del Té

- Tés negros de Uva Highlands, Nuwara Eliya y Dimbula (*High-grown*).

Origen: Japón

- Tés verdes de Shizuoka: Sencha y Bancha.
- Tés verdes de Kagoshima: Sencha y Bancha.
- Tés verdes de Uji: donde se produce Matcha, Gyokuro y Sencha.
- El té verde Hojicha (elaborado tostando el Bancha) también es muy interesante para probar, y quizás usarlo en algún blend.

Origen: Taiwán

- Tés de Taipei: Baozhong (pouchong, un oolong escasamente oxidado), Jade oolong, Amber oolong.
- Oolongs de Nantou: Dong Ding o Tung Ting, Yu Shan.
- Oolongs de Lishan: donde se produce el famoso Li Shan oolong (oolong de alta montaña).
- Oolongs de Alishan: en Nantou donde se produce Ali Shan oolong.
- Tés de Tao-Chu-Miao: donde se produce el exquisito Oriental Beauty (también llamado Bai Hao oolong o Fanciest Formosa oolong) y el Jade oolong.

▥ Algunas recomendaciones

Para realizar nuestros blends, debemos considerar muchas variables. Algunas están relacionadas con el té base que utilizaremos, y otras, con los demás ingredientes. En cuanto al té, los principales atributos que debemos analizar para seleccionar correctamente nuestro té para el blending son:

- el cuerpo de cada té
- la textura
- la complejidad
- la longitud
- la astringencia
- la pungencia
- la intensidad de sabor y aroma
- las notas características
- el tamaño y forma de sus hojas
- la temperatura del agua requerida para su preparación
- el tiempo de infusión recomendado para esa variedad

A continuación, brindo una guía para orientar en la selección de los tés para la creación de nuevos blends, pero cabe aclarar que las características organolépticas del té cambian según la estación del año en que se producen, según las condiciones climáticas reinantes, incluso varían

de una cosecha a otra. Por lo tanto, se deberán considerar las siguientes listas como guías, debiendo realizar las pertinentes pruebas con el té que se disponga en el momento de blendear:

- Tés blancos chinos: suelen tener notas a rosas, vegetales cocidos y a pan tostado.

- Tés verdes chinos: suelen tener notas a vegetales cocidos y nueces tostadas.

- Tés verdes japoneses: suelen tener notas a vegetales crudos, algas y limón.

- Tés negros chinos: suelen tener notas a ahumado, madera, orejones, cacao y tabaco.

- Tés negros indios: suelen tener notas a flores, frutos rojos, ciruelas pasas y tabaco.

- Tés negros de Sri Lanka: suelen tener notas a cítricos, frutas pasas y madera.

- Oolongs de jade: suelen tener notas a manteca, banana, durazno, papaya, flores blancas.

- Oolongs oscuros: suelen tener notas a damascos, peras pasas y orejones, miel, tostado sutil.

- Oolongs ámbar: suelen tener notas a cacao, café, intenso tostado, orejones.

- Puerhs: suelen tener notas a madera mojada, aserrín, algas, humedad, frutas pasas, malta.

Es muy importante recordar que en el té no existen reglas matemáticas. Estas clasificaciones pueden ser una guía, pero siempre se deberá catar el té para estar seguro de conocer su verdadero perfil sensorial.

Asimismo, podríamos esperar que los siguientes tés tengan cuerpo liviano:

- Yin Zhen Silver Needles (té blanco)
- Pi Mutan (té blanco)
- Lung Ching (té verde)
- Maofeng (té verde)
- Hari Talvar (té verde)
- Huang Cha Maofeng (té amarillo)
- Pouchong (té azul)
- King Hsuan Oolong (té azul)
- High Mountain Oolong (té azul)
- Darjeeling (té negro)
- Golden Monkey (té negro)
- Yunnan Gold (té negro)
- Hei Cha (dark tea)

Tés que suelen tener gran cuerpo:

- Dragon Pearls (té verde)
- Gunpowder (té verde)
- Sencha (té verde)
- Bancha (té verde)
- Gyokuro (té verde)
- Ti Kuan Yin (té azul)
- Da Hong Pao Oolong (té azul)

- Argentino (té verde y negro)
- Ceylon (té negro)
- Keemun (té negro)
- Kenya (té negro)
- Malawi (té negro)
- Puerh (dark tea)

Tés que suelen ser algo planos:
- Gunpowder (té verde)
- Sencha (té verde)
- Hari Talvar (té verde)
- Argentino (té verde y negro)
- Kenya (té verde y negro)
- Malawi (té negro)
- Assam (té negro)

Tés en los que se suele encontrar poca astringencia:
- Yin Zhen Silver Needles (té blanco)
- Pi Mutan (té blanco)
- Dragon Pearls (té verde)
- Lung Ching (té verde)
- Bancha (té verde)
- Hari Talvar (té verde)
- Da Hong Pao Oolong (té azul)
- King Hsuan Oolong (té azul)

- High Mountain Oolong (té azul)

- Oriental Beauty (té azul)

- Golden Monkey (té negro)

- Keemun (té negro)

- Yunnan (té negro)

- Darjeeling (té negro)

- Kala Moti (té negro)

- Puerh (dark tea)

- Hei Cha (dark tea)

Tés generalmente astringentes:

- Sencha (té verde)

- Hari Talvar (té verde)

- Gyokuro (té verde)

- Huang Cha Maofeng (té amarillo)

- Ceylon (té negro)

- Assam (té negro)

- Kenya (té negro)

Grados de té negro:

Los grados del té son siglas que muchas veces aparecen al lado del nombre de un té. Es importante conocer su significado para realizar mejores compras, sobre todo al momento de seleccionar tés de un catálogo.

Las siglas son una denominación del "grado de la hoja" y dan información acerca de la apariencia de la hoja, el tamaño, el tipo de hoja y su grado de selección. Estos términos solo se aplican al té negro elaborado en ciertos países. ¿Por qué nos interesa saber sobre los grados del té? Porque la intensidad del sabor y color de un té depende en parte de la forma y tamaño de sus hojas. Dependiendo de la forma de la hoja y su tamaño, y de la presencia o ausencia de brotes es posible esperar que cierta variedad de té sea más intensa que otra, lo que representa una herramienta fundamental a la hora de diseñar un blend. Antes de probar una mezcla con determinadas variedades de té ya es posible descartar un subconjunto del universo de variedades del que disponemos para blendear, en función del perfil sensorial que se busca en el blend.

La terminología que se utiliza para identificar los grados del té puede ser confusa, pero aprendiendo a leer estas siglas y sus acrónimos tendremos información valiosa para elegir los tés de un catálogo. Pero los grados del té no dan información sobre su calidad, sino indicios sobre el tipo de perfil sensorial que un determinado té puede tener. Siempre para determinar la calidad del té con certeza es necesario catarlo. Lo más importante al comprar té es adquirir uno que nos convenga y sea lo que buscamos para blendear.

Los siguientes son términos usados generalmente para tés producidos en India, Sri Lanka, África, Indonesia, Malasia, Europa, etcétera.

⫸ Los grados del té (hojas enteras)

OP: Orange Pekoe

FOP: Flowery Orange Pekoe

GFOP: Golden Flowery Orange Pekoe

TGFOP: Tippy Golden Flowery Orange Pekoe

TGFOP 1: Tippy Golden Flowery Orange Pekoe One

FTGFOP: Finest Tippy Golden Flowery Orange Pekoe

FTGFOP 1: Finest Tippy Golden Flowery Orange Pekoe One

SFTGFOP: Special Finest Tippy Golden Flowery Orange Pekoe

SFTGFOP 1: Special Finest Tippy Golden Flowery Orange Pekoe One

Los grados del té (hojas rotas)

Cuando se trata de hojas partidas, se agrega la letra "B" para denominar el tipo de té broken:

BOP: Broken Orange Pekoe

FBOP: Flowery Broken Orange Pekoe

GBOP: Golden Broken Orange Pekoe

TBOP: Tippy Broken Orange Pekoe

GFBOP: Golden Flowery Broken Orange Pekoe

TGBOP: Tippy Golden Broken Orange Pekoe

BP: Broken Pekoe

BS: Broken Souchong

BM: Broken Mixed

BT: Broken Tea

▥ Los grados del té en fannings (hojas rotas pequeñas)

Quienes decidan dedicarse al mundo de los saquitos (bolsitas) de té, necesitan conocer los fannings y el dust. Estos son grados de hojas más pequeños que los broken (hojas partidas) y tienen su propia forma de nomenclatura:

F: Fannings

FF: Flowery Fannings

PF: Pekoe Fannings

BPF: Broken Pekoe Fannings

OPF: Orange Pekoe Fannings

OF: Orange Fannings

FOF: Flowery Orange Fannings

BOPF: Broken Orange Pekoe Fannings

FBOPF: Flowery Broken Orange Pekoe Fannings

GOF: Golden Orange Fannings

TGOF: Tippy Golden Orange Fannings

BMF: Broken Mixed Fannings

ⅢⅢ Los grados del té en dust (polvo)

D: Dust

PD: Pekoe Dust

RD: Red Dust

FD: Fine Dust

GD: Golden Dust

SRD: Super Red Dust

SFD: Super Fine Dust

De la misma forma que se elige el grado del té que se utilizará para blendear, se debería seleccionar la granulometría indicada para cada ingrediente. La granulometría es el tamaño de las partículas del elemento que estemos tratando. De esta forma, al comprar, por ejemplo, cáscara de naranja para un blend, se debe considerar con qué tipo

y grado de té se mezclará para elegir la granulometría indicada, que luego resulte ser una mezcla integrada, virtuosa.

Para nuestro estudio del té para el blending, deberíamos considerar siempre la forma y el tamaño de la hoja a la hora de seleccionar nuestro té para mezclar. La apariencia de la hoja, junto a su grado pueden dar indicios de la intensidad de color y sabor que tendrá el licor en la taza. En general, las hojas de té más pequeñas o rotas y las hojas más enrolladas darán licores más intensos en sabor y color, y las hojas de té enteras o en trozos grandes tendrán mayor sutileza y complejidad. Determinar el perfil de cada té nos permitirá ampliar o restringir el espectro de ingredientes a incorporar en la mezcla. La práctica y la experiencia posibilitarán descartar a simple vista ciertos ingredientes para algunos grados de las hojas, y seleccionar los más adecuados que derivarán en un blend exitoso.

Capítulo 4
Frutas, flores, especias y hierbas

En cualquier rincón del mundo, en cualquier país lejano, una taza de té me lleva a vos, al ritmo del 2 x 4.

Este capítulo está dedicado a conocer algunos de los ingredientes más utilizados en tea blending, como frutas, flores, especias y hierbas. Estudiaremos sus cualidades organolépticas y algunos de sus efectos sobre la salud. Esta información es un complemento al conocimiento que cada persona debe buscar en su afán de "amigarse" con cada uno de los componentes de un blend para poder seleccionarlos adecuadamente al elaborar la mezcla.

De la mayoría de estos ingredientes se puede utilizar como saborizante su aceite esencial o un aromatizante sintético, pero nos ocuparemos de eso en el próximo capítulo.

La selección de los ingredientes en tea blending debe tener una coherencia con el perfil del blend que se desea lograr, tanto en el plano sensorial como en el emocional. Recordemos que cada vez que se crea un blend, se está buscando transmitir una idea, un concepto o una sensación.

Dado que algunos ingredientes están asociados a ciertos estados de ánimo o a la cura de ciertas dolencias, ya sea por creencia popular o por pruebas científicas, al momento de diseñar un blend estos factores deben ser considerados.

También debemos observar que existen ciertos ingredientes de uso común en la cocina que podrían llegar a ser nocivos y estar contraindicados para algunas personas. Por ejemplo: el romero, una aromática extensamente usada en la gastronomía, en ciertos casos podría subir la presión sanguínea y de este modo estar contraindicado para personas hipertensas.

Si un determinado ingrediente se incorpora a un blend con el fin de generar y comunicar beneficios para la salud, se debe ser muy cuidadoso y basarse en evidencia científica comprobada. Aquí se entra en un campo en el que la ética juega un rol fundamental en el tea blending: nunca se debe especular con la salud ni con las ilusiones de las personas que padecen una enfermedad, ofreciendo beneficios que o bien no existen, o de los cuales no hay respaldo científico comprobado.

Y aunque esté comprobado que un ingrediente puede aportar beneficios para la salud, nunca deberá ser utilizado como reemplazo de un tratamiento médico indicado por un profesional competente.

En el equipo de El Club del Té tenemos el orgullo de contar con profesionales de alto nivel. Para la redacción de este capítulo, en lo que a los efectos sobre la salud se refiere, hemos trabajado junto a la doctora Mariana Gabriela Munner, médica especialista en nutrición, miembro titular de la Sociedad Argentina de Nutrición e investigadora. Remitimos al lector especialmente interesado en las cuestiones de salud relativas a los ingredientes a consultar la bibliografía citada en este capítulo y que es la base científica que lo respalda.

Esta lista de ingredientes no es definitiva, ya que siempre se pueden descubrir y utilizar nuevos productos, probando cómo quedan en las mezclas y asegurándonos de investigar y comprobar que sean seguros para el consumidor.

Ⅲ▶ Aciano

La *Centaurea cyanus*, conocida por su nombre en inglés como *Cornflower*, es una planta que crece en muchos países del mundo y da flores azuladas de pétalos muy delgados, alargados y livianos. En los blends se utilizan las flores enteras y sus pétalos sueltos.

Dado que casi no aporta sabor ni aroma a la infusión, el criterio de mezcla no es la concordancia aromática sino la combinación de colores y la granulometría. En los blends se utiliza principalmente con fines estéticos.

Amaranto

La *Gomphrena perennis* es una planta perenne que da flores de color blanco, rosado, fucsia y violeta.

En los blends se utilizan las flores para dar color a la mezcla seca y a la infusión. Se utilizan los botones, la flor entera o los pétalos sueltos dependiendo de la granulometría requerida.

Tampoco es una flor que aporte aroma a la infusión, aunque sí otorga un sutil sabor especiado al licor.

Combina con gran variedad de notas aromáticas y su armonía depende de la combinación con los demás ingredientes.

⦙⦙⦙▶ Ananá (piña)

La piña, fruto del *Ananas* comosus nativo de América del Sur, es una fruta muy utilizada en los blends en su forma deshidratada pero también es común encontrar esencias que aportan gran intensidad aromática a la mezcla. Es recomendable utilizar esta esencia con cuidado de no invadir el resto de los aromas del blend.

Combina bien con notas vegetales y con otras frutas. También con notas a flores blancas y otros aromas frescos.

⦀ Angélica

La angélica, *Archangelica officinalis*, crece salvaje en los países nórdicos y se cultiva en Francia y otros lugares del mundo. Recibe su nombre de la palabra en latín "ángelus", que significa ángel, ya que existe una leyenda que cuenta que esta planta fue entregada por el arcángel Gabriel como regalo.

Se consumen sus raíces, rizomas, hojas y frutos deshidratados, pero para el blending se utilizan principalmente sus hojas secas.

Desde hace muchos años se cree que la infusión de sus hojas ayuda a la digestión, tiene propiedades diuréticas y relajantes.

Esta planta es muy aromática y combina bien con notas vegetales, herbales, especias y tierras.

⦀ Anís en granos

También conocido como anís verde, se cultiva en el Mediterráneo oriental desde la Antigüedad por sus propiedades medicinales. La semilla de anís se usa como estimulante de las secreciones bronquiales, del estómago y del intestino.

Gisbert Calabuig, en su libro *Medicina Legal y Toxicología*, afirma que si se ingiere en grandes cantidades podría provocar problemas en la salud.[1] Sin embargo, como en un blend la cantidad de anís utilizada por taza es muy baja y ya que la semilla no se ingiere, sino que de ella se realiza la infusión, es un ingrediente seguro para utilizar en las mezclas.

Dado el pequeño tamaño de los granos, no debería ser utilizado con cualquier variedad de té. Al moler los granos se obtiene mayor intensidad en el aroma, y en general combina bien con algunos tés negros, con notas vegetales, amaderadas y especias.

▥ Anís estrellado

El anís estrellado es conocido como badián y también, al ser originario de China, como anís de China.

1. J. Gisbert Calabuig, *Medicina Legal y Toxicología*, 4ta ed., Barcelona, Masson Salvat Medicina, 2007.

Se lo indica en fitoterapia principalmente para aliviar el dolor abdominal, previene las náuseas y mejora la digestión.

Asimismo, se le atribuyen efectos expectorantes y antibióticos, calma la tos, combate resfriados y bronquitis.

Su principio activo es el anetol, que consumido en grandes cantidades tiene los mismos efectos que el anís en granos.

El anís estrellado suele tener gran tamaño comparado con las hebras de té (entre 1 y 2 centímetros de diámetro) por lo que muchas veces se utiliza desmenuzado en partes. Queda bien combinado con notas amaderadas, tabaco, tierra, especias y flores. Aporta aroma y un gusto dulce muy agradable.

⫸ Arándano

El arándano rojo de América latina o Vaccinium macrocarpon ait es el fruto de un arbusto autóctono de la zona este de América del Norte. Contiene 80% de agua, 10% de hidratos de carbono, además de ácidos orgánicos, y principalmente flavonoides y antocianinas.[2]

Se ha postulado –como beneficio para la salud– que el consumo de arándano previene infecciones urinarias y disminución de incidencia de caries. Ciertos componentes del arándano como la proantocianidina inhiben la adherencia

2. L. Cesoniene e I. Jasutiene, "Phenolics and anthocyanins in berries of European cranberry and their antimicrobial activity", *Medicina* (*Kaunas*), 45(12), 2009.

de las bacterias a las paredes del tracto urinario, impidiendo así la infección.[3]

El mismo mecanismo antiadherente propuesto para las infecciones del tracto urogenital fue postulado para las infecciones bucales, impidiendo la formación del biofilm que genera la formación de caries.[4]

Otra acción terapéutica atribuida al arándano es la disminución de la incidencia de cáncer y de enfermedades crónicas no transmisibles como obesidad, diabetes, aterosclerosis. Estas acciones son atribuidas a la presencia de antioxidantes en el arándano.[5]

3. Darren M. Lynch, "Cranberry for Prevention of Urinary Tract Infections", *American Family Physician*, 70:2175-77, 2004.

4. L. Bonifait y D. Grenier, "Cranberry Polyphenols: Potential Benefits for Dental Caries and Periodontal Disease", *JDCA*, 76:130, 2010.

5. E. Shabrova; O. Tarnopolsky; A. Singh ; J. Plutzky ; N. Vorsa; et al. , "Insights into the Molecular Mechanisms of the Anti-Atherogenic Actions of Flavonoids in Normal and Obese Mice", *PLoS ONE* 6 (10), 2011.

En tea blending se utilizan tanto los frutos deshidratados como las hojas secas, muchas veces mezclados con otras bayas como las frambuesas o las grosellas. Aunque su sabor es suave, aporta notas frutales y color. Mezcla bien con notas amaderadas, tabacos, especias, frutas pasas y con notas herbales.

Azahar

El azahar es la flor del naranjo amargo y su nombre en árabe significa 'flor blanca'. Los árabes introdujeron la planta en España y otros países del Mediterráneo. Esta flor representa la pureza y la virginidad, por eso muchas mujeres llevan un ramo de azahar cuando se casan.

Se le atribuyen efectos sedantes, ansiolíticos, antiespasmódicos.

Cuando la flor está deshidratada pierde su aroma en gran parte, aunque conserva un olor sutil comparado con la flor fresca. Aporta belleza a la mezcla seca y sabor a la infusión.

En general, combina con frutas, en especial con cítricos, con notas amaderadas y vegetales.

Banana

La banana, fruto de la *Musa paradisiaca*, se utiliza en rodajas finitas o cubos deshidratados, aunque también se puede obtener la esencia artificial de este sabor.

Se sabe que el fruto fresco apota vitaminas y minerales, pero como hemos ya aclarado, no se puede asegurar el aporte medicinal de este ingrediente a un blend, dado que no están estandarzadas las proporciones ni las concentraciones en la infusión.

Su sabor es suave y dulce, y combina bien con notas vegetales, maderas, tabacos, con algunas especias como la canela y el clavo, y con notas golosas como el chocolate, el cacao y la vainilla.

Bergamota

La bergamota, o *Citrus bergamia*, es una fruta de piel amarilla y forma similar a la pera que se cultiva principalmente en Italia. Es cítrica y muy aromática. Su aceite esencial se utiliza en la elaboración del famoso blend Earl Grey y del Lady Grey. Combina con otros cítricos, con notas amaderadas, tostadas y ahumadas y con flores como la rosa y la lavanda.

Boldo

El boldo, *Peumus boldus*, es del género monotípico *Peumus*, de la familia de las Monimiáceas. Es un árbol perenne, de mediano tamaño, que puede llegar hasta 15 metros de altura.

Su aceite esencial tiene componentes monoterpénicos, su principio activo es un alcaloide, la boldina, con efectos digestivos para espasmos estomacales (un espasmo es una contracción involuntaria del tubo digestivo que genera dolores cólicos).

En el *Tratado de fitofármacos y nutracéuticos*, de J. Alonso, se observa que en dosis elevadas el boldo tiene efecto sedante.[6]

Las hojas del boldo se utilizan en infusión con la misma finalidad digestiva. Tienen sabor intenso, y se combina muy bien con algunos tés verdes y otras hierbas.

⫸ Caléndula

La flores de la caléndula son de color amarillo anaranjado intenso, de tamaño generalmente superior a los 3 centímetros de diámetro, por lo que disecada se utilizan sus pétalos y rara vez se usan los botones. No aporta aroma a la mezcla, pero sí vivacidad en el color. Por la forma de sus pétalos delgados y alargados es fácil de mezclar con casi cualquier tipo de té.

6. J. Alonso, *Tratado de fitofármacos y nutracéuticos*, Barcelona, Corpus, 2004.

Canela

La canela, *Cinnamomum zeylanicum* o *Cinnamomum verum*, es un árbol de hoja perenne que puede alcanzar los 15 metros, originario de Sri Lanka. Como ingrediente se utiliza la corteza interna.

Se le atribuyen propiedades que mejoran el control metabólico de la diabetes y la dislipemia –alteración en los niveles de lípidos (grasas) en sangre, fundamentalmente colesterol y triglicéridos–.[7] Algunos trabajos demuestran este beneficio.[8]

En la gastronomía se utiliza ampliamente en comidas dulces y saladas. Como ingrediente de tea blending resulta

7. www.msal.gov.ar: "Información para ciudadanos", Dirección de Promoción de la Salud y Control de Enfermedades no Transmisibles, Ministerio de Salud, Presidencia de la Nación.
8. A. Khan; M. Safdar; et al., "Cinnamon Improves Glucose and Lipids of People With Type 2 Diabetes", *Diabetes Care*, 26:3215-3218, 2003.

aromática y también aporta sabor a la infusión. Combina muy bien con otras especias como la pimienta y el cardamomo, y controlando la proporción se puede utilizar como toque aromático o como sabor con presencia en la mezcla.

También combina con cítricos, con notas amaderadas, ahumados, tabacos, tierras, cacao y chocolate.

▭▭▭◗ Cardamomo

El cardamomo es una planta de la familia de las Zingiberáceas, que se cultiva principalmente en Sri Lanka, India, Guatemala y México. Se utilizan las semillas como especia por su característico aroma. El principio activo mayoritario del cardamomo es el cineol y el limoneno, indicado en fitoterapia para combatir los dolores cólicos, así como la halitosis. La ciencia no cuenta con grandes estudios poblacionales para corroborar lo antes dicho, pero se conoce su uso desde la cultura egipcia.

Su carácter es esencialmente aromático. Aporta una muy leve pungencia y machacado o triturado aumenta su poder aromático. Debe ser utilizado con sumo cuidado para que no invada toda la mezcla.

⫸ Cártamo

Conocida en el mundo del tea blending como *Safflower*, esta flor de nombre botánico *Carthamus tinctorius* es muy usada en los blends por el intenso color anaranjado que aporta a la mezcla.

Comúnmente se utilizan sus pétalos que son delgados y alargados, de menos de 1 centímetro de longitud. Su forma hace que no sea adecuado para mezclar con cualquier variedad de té. Como la mayoría de las flores, aporta mucho color pero su aroma es muy sutil.

⫸ Cedrón

La *Aloysia citriodora*, de la familia Verbenaceae, es conocida como cedrón, hierba luisa o verbena. Es una planta originaria de Sudamérica, y crece comúnmente de forma silvestre.

Sus hojas verdosas y alargadas aportan color a la mezcla seca y un aroma alimonado característico, que también se observa en el licor. Combina muy bien con algunos tés negros y verdes con notas herbales y cítricas. También con hierbas aromáticas y algunas especias.

⫸ Cereza

Las cerezas deshidratadas pueden utilizarse enteras o en trozos según la forma y tamaño de la hebra de té a mezclar.

Las cerezas maduras pueden ser dulces, pero siempre aportarán algo de acidez a la infusión, sobre todo si están aún algo verdes. Su esencia suele ser muy intensa y proclive a tapar otros aromas, por lo que es recomendable utilizarla con mucho cuidado.

Mezcla bien con notas amaderadas, tabacos, tierras, ahumados, canela, clavo, nuez moscada, frutos rojos, y con otras frutas.

Clavo de olor

El clavo es nativo de Indonesia. Se trata de un árbol perenne que crece a una altura de 10 a 20 metros. Se utilizan los botones disecados, es decir, las flores que aún no se han abierto, para dar el clavo de olor o *Syzygium aromaticum*, una especia ampliamente usada en la gastronomía de todo el mundo. Como es extremadamente fuerte (también lo es su aceite esencial) debe ser utilizada con mucho cuidado y en pequeñas cantidades.

Combina con cítricos, otras especias, notas amaderadas, tabaco, frutas pasas, manzanas, notas a zanahorias y calabazas.

▥ Coriandro

El coriandro o *Coriandrum sativum*, llamado popularmente cilantro, es una hierba anual de la familia de las Apiáceas. La planta, que llega a medir entre 40 y 60 centímetros de altura, produce las hojas que se utilizan frescas en las comidas (por ejemplo, en el guacamole en México o en la comida de la India). Produce semillas pequeñas de color marrón claro, que son aromáticas y también se utilizan en la gastronomía oriental.

En los blends emplearemos las semillas de coriandro enteras o machacadas, para combinar con cítricos, flores, notas a vegetales crudos, herbales, maderas, nueces y especias.

▥ Durazno (melocotón)

El durazno deshidratado puede absorber humedad y pegar las hebras del té unas a otras. En climas húmedos no es recomendable utilizarlo de esta forma. Sin embargo su esencia es muy utilizada para aromatizar tés. Como sucede con otras frutas, el aroma artificial a durazno es muy intenso. Estas afirmaciones también aplican al damasco (albaricoque).

Combina bien con notas amaderadas, tabacos, tierras, hierbas, vegetales cocidos y con especias.

⫸ Enebro

En las mezclas con té utilizaremos las bayas del enebro. En el antiguo Egipto, Babilonia y Sumeria se ha empleado en la elaboración de inciensos. Su planta estaba consagrada a Inanna (diosa del amor y de la guerra) y a Ishtar (diosa de la fertilidad).

Está indicada en fitoterapia para combatir infecciones urinarias y para ayudar a la digestión.

Combina con cítricos, notas amaderadas, notas vegetales y animales.

⫸ Eucalipto

El eucalipto o *eucaliptus globulus labill* es un árbol perteneciente a la familia de las Mirtáceas. Se utiliza el aceite esencial con fines medicinales y para saborizar diversas comidas. Se le atribuyen propiedades para tratar enfermedades pulmonares, como catarros y asma. Dicho aceite contiene flavonoides como eucaliptina y quercetina, así como también taninos.

Otro uso frecuente es para desinfección local en lesiones de piel, ya que la bibliografía menciona que el aceite esencial posee propiedades antisépticas locales.

Se han realizado algunos estudios[9] donde se utilizó como terapia alternativa el aceite esencial de eucalipto en pacientes con patología bronquial y se detectó una mejoría con respecto al tratamiento convencional.

En tea blending se utiliza tanto el aceite esencial como las hojas deshidratadas. Es un ingrediente fresco, muy aromático y relativamente fácil de mezclar. Combina muy bien con algunos tés verdes, con notas amaderadas y con especias.

⫴▶ Frambuesa

La frambuesa es el fruto de un arbusto de la familia de las Rosáceas, que no supera los 2 metros de altura. Resiste temperaturas muy bajas y también el calor del verano. Se utiliza como ingrediente en la gastronomía del centro y norte de Europa, para comidas saladas como platos de cacería o comidas dulces como mermeladas, tortas y helados.

Además del color en la mezcla seca, la frambuesa aporta color a la infusión y sabor intenso. Tiene que estar bien madura para que dé un gusto dulce, de lo contrario dará acidez al blend.

Combina con notas amaderadas, animales, tierras, golosas como el cacao y el chocolate, y con algunas flores como la rosa, la lila y la lavanda.

9. H. Portilla Hernández; K. González Sánchez; et al. , "Terapia natural para el tratamiento del asma bronquial", Revista de Ciencias Médicas de La Habana, 18(2), 2012.

⦚ Frutilla (fresa)

La frutilla silvestre europea es originaria de la región de los Alpes, pero existen fresas silvestres autóctonas de América. Se cultivan en todo el mundo y se han desarrollado nuevas variedades en busca de mejor color, tamaño y aroma del fruto.

En tea blending se utilizan el fruto y las hojas, siempre deshidratadas. Aportan color y sabor a la infusión. El gusto puede ser dulce, pero también ácido. Además, existen saborizantes que realzan el sabor de la fruta.

▶ Ginkgo biloba

El ginkgo biloba es un árbol autóctono de China, del que se utilizan las hojas. Existen restos arqueológicos que demuestran su existencia desde la época de los dinosaurios.[10] Los monjes budistas han protegido este árbol en sus monasterios evitando su extinción, y se ha utilizado desde hace tiempo en la medicina tradicional china para aliviar dificultades respiratorias.

Se utilizan las hojas deshidratadas en infusión. Combina muy bien con la mayoría de los tés verdes estilo chino y con flores como el jazmín, el osmanthus, el sauco y el azahar.

10. VV. AA., *Hierbas y plantas medicinales, aromáticas y culinarias*, Madrid, Tikal.

La alquimia del Té

⦚ Ginseng

El ginseng, *Pa-
nax ginseng* o *Panax
quinquefolium,* am-
bas especies de
una raíz subterránea
originaria de China,
tiene una forma que
recuerda a la silueta de
una persona, por eso en
idioma chino significa 'raíz de
hombre'.

En la medicina china se usa como energizante, para
tonificar el cuerpo, otorgando la sensación de aumento de
vitalidad psíquica y mental. Es muy famoso también por sus
propiedades afrodisíacas y en algunos casos se lo indica
para aumentar el rendimiento físico y sexual.

Ambas especies contienen saponinas tetracíclicas
triterpenoides, que es el principio activo del ginseng, atri-
buyéndose a este compuesto sus beneficios. Se observa un
discreto aumento del contenido de corticoides en plasma en
quienes lo consumen. De allí provendrían los efectos energizantes que se le atribuyen.[11]

En cuanto al aumento del rendimiento sexual, se han
realizado algunos trabajos en animales y en seres huma-
nos, que indican que mejorarían la actividad hipotalámica,

---

11. E. Nocerino y M. Amato, "The aphrodisiac and adaptogenic
properties of ginseng", *Fitoterapia*, vol. 71, 1, P S1-S5, 2000.

la secreción hormonal, que benefician la conducta copulatoria.[12]

Se utiliza mayormente en los blends por estos beneficios, más que por sus características organolépticas. La raíz se puede moler o cortar en distintas granulometrías, lo que lo hace apto para mezclar con distintos tipos de tés.

Grosella

La grosella es el fruto de un arbusto originario de Asia, que hoy se cultiva en Europa y América. Es una baya de color verde que se vuelve negruzca a medida que madura. Es un ingrediente muy interesante para el tea blending. Aporta color a la mezcla seca, a la infusión y un sabor agradable. Se la suele mezclar con otras bayas para lograr combinaciones del estilo de los frutos rojos.

Queda bien al mezclarse con notas amaderadas y ahumadas.

Hibisco

La flor de hibisco o *Rosa sinensis* (rosa china) es originaria de ese país, aunque en la actualidad se cultiva en todo el mundo, principalmente en zonas tropicales y subtropicales. Las flores son de diferentes colores como rosa, blanco y amarillo, pero el hibisco más encontrado es de color rojo.

12. L. Murphy y T. Jer-Fu Lee, "Ginseng, Sex Behavior, and Nitric Oxide", *Annals of the New York Academy of Sciences*, vol. 962, pp. 372-377, mayo 2002.

En infusión esta flor aporta un intenso color rosado. Se debe utilizar con cuidado ya que también aporta gran acidez.

⬛ Hinojo

El hinojo pertenece a la familia de las Umbelíferas. Se trata de una planta de una altura que oscila entre los 80 y 150 centímetros, con hojas alargadas y flores amarillas. Los frutos del hinojo contienen proteínas, ácidos orgánicos y flavonoides. En el aceite esencial se ha encontrado la presencia de dos polímeros del anetol (dianetol y dianisoína) contenidos en la raíz. Consumido en grandes cantidades, posee actividad estrogénica,[13] que podría provocar, por ejemplo, el aumento de la secreción láctea en mujeres.

Se lo indica en cuadros de vías aéreas superiores, como tos, resfríos y bronquitis. También popularmente se lo

13. M. Boskabady; A. Khatami; et al., "Possible mechanism(s) for relaxant effects of Foeniculum vulgare on guinea pig tracheal chains", *Pharmazie*, 59:561-4, 2004.

emplea como diurético, en casos de anemia, y por último se le atribuyen propiedades digestivas por supuesto efecto antiespasmódico. Aún faltan estudios mayores para avalar estas afirmaciones.[14]

Ingiriendo dosis superiores a 1 mililitro de aceite esencial, puede causar problemas de toxicidad. Pero dado que en los blends los aceites esenciales se dispersan en las hebras, que a su vez luego se diluyen en el agua, podría utilizarse este aceite sin problemas.

Un estudio sobre la actividad antioxidante y antibacteriana de aceites esenciales de la Facultad de Ciencias, Departamento de Bioquímica, de Bogotá, mostró que el extracto acuoso liofilizado hervido de hojas de hinojo, en animales de laboratorio, tiene un efecto moderadamente hipotensor.[15]

Como ingrediente se utilizan las semillas, que son pequeñas de color amarronado (algo parecidas a las del anís verde), enteras, machacadas o molidas.

Combina con cítricos, frutos rojos, especias, con notas tostadas, vegetales, y con algas.

14. C. Rosero y R. Camacho, "Efecto relajante de las hojas de Ocimum basilicum y Foeniculum vulgare colombianas en íleon aislado de rata", *Universitas Médica*, vol. 50, N° 1, enero-marzo, pp. 98-109, 2009.

15. C. Maecha, "Actividad antioxidante y antibacteriana de aceites esenciales", Facultad de Ciencias, Departamento de Bioquímica de Bogotá, 2010.

⫸ Jazmín

Las flores de jazmín son de color blanco, pequeñas. Una vez deshidratadas suelen perder su aroma, por lo que aportarán color a la mezcla pero no el olor que esperamos. Para incorporar aroma a jazmín es necesario recurrir a esencias (naturales o artificiales). En ese campo existe una enorme variedad de tonalidades para elegir, desde los más frescos y vegetales a aromas dulces y penetrantes.

Combina bien con notas vegetales, cítricos y otras flores.

ⅢⅢ Jengibre

El jengibre o *Zingiber officinale* es un rizoma (tallo sub-terráneo) muy utilizado en la cocina oriental. Su sabor es intenso, algo picante y muy aromático.

Se utiliza en todo el mundo para realizar infusiones. Es común verlo en mezclas especiadas en la India, en el lla-mado Masala Chai.

Si bien en la Antigüedad médicos como Avicena le atribuían propiedades antitumorales, ello aún no está corro-borado por la ciencia actual.

Es necesario tener cuidado con la ingestión de gran-des cantidades de este ingrediente de forma directa para aquellas personas que tengan trastornos de la coagulación

o estén medicadas por alguna patología específica con anticoagulantes, ya que potencia el efecto de estos.[16] [17]

Otras de las propiedades que se le atribuyen al jengibre son las de otorgar energía y vitalidad.[18]

Para utilizarlo en los blends es necesario deshidratarlo y cortarlo o picarlo en la granulometría deseada.

Combina con notas vegetales, notas amaderadas, tabaco, especias y cítricos.

⫼ Lavanda

La flor de lavanda (también conocida como espliego) es utilizada extensamente en perfumes, cremas e inciensos. Crece principalmente en la zona del Mediterráneo, aunque también en otras regiones del mundo como la Patagonia, en la Argentina. Es pequeña, muy aromática y de color azulado violáceo. Por destilación con vapor se extrae su aceite esencial que también es muy intenso.

La flor disecada conserva mucho su perfume, por lo que recomiendo utilizarla con cuidado para no invadir el resto de la mezcla.

Combina bien con otras flores, con notas amaderadas, herbales y vegetales.

16. J. Guh; F. Ko; T. Jong y C. Teng, "Antiplatelet effect of gingerol isolated from Zingiber officinale", *J. Pharm. Pharmacol,* 47(4):329-32, 1995.

17. F. Moron Rodríguez y G. Gutiérrez Jacome, "Plantas medicinales caribeñas con potencialidad de inhibir la agregación plaquetaria", *Revista Cubana de Plantas Medicinales,* vol. 12, N° 2, La Habana, abril-junio 2007.

18. J. Pérez de Alejo; R. Miranda; et al., "Acción estimulante del extracto fluido del Zingiber officinale Rosc. (Jengibre)", *Revista Cubana de Plantas Medicinales,* vol. 1 (1): 42-45, enero-abril 1996.

Frutas, flores, especias y hierbas

ⅢⅢ▶ Lemongrass (hierba limón)

El lemongrass o *Cymbopogon citratus* es una planta aromática perenne, de la que se extrae aceite esencial o se consume la infusión de hojas secas.

Algunos de los beneficios postulados para la salud son propiedades antimicrobianas y antibacteriales. Hay estudios que comprueban esto.[19]

Tiene aroma alimonado y su infusión es muy agradable. En las mezclas con té aportan frescura y color. En general, combina muy bien con cítricos y distintas variedades de tés, principalmente negro y verde. También se puede mezclar con flores blancas cuidando las proporciones para no deslucir las sutilezas florales.

19. P. Paranagama; K. Abeysekera; et al., "Fungicidal and anti-afla-toxigenic effects of the essential oil of Cymbopogon citratus (DC.) Stapf. (lemongrass) against Aspergillus flavus Link. isolated from stored rice", *Letters in Applied Microbiology*, 37, 86-90, 2003.

⫸ Lima

Es un fruto, *Citrus limetta risso*, que se consume como alimento. Su cáscara deshidratada se puede utilizar como infusión, pero sus beneficios para la salud no están aún probados. Sí es necesario alertar que siendo ingerido en grandes cantidades posee sustancias que interfieren sobre enzimas del organismo impidiendo agregación de plaquetas, necesarias para la coagulación normal.[20] También es prudente tener el mismo cuidado con el consumo libre de cáscara de naranja, *Citrus sinesis*, o cáscara de limón, *Citrus aurantifolia*,[21] aunque es raro que a alguien le guste

20. Y. Nogata; K. Yoza; K. Kusumoto; N. Kohyama; K. Sekiya y H. Ohta, "Screening for inhibitory activity of Citrus fruit extracts against platelet cyclooxygenase and lipoxygenase", *Journal of Agricultural Food Chemistry*, 44(3):725-9, 1996.
21. R.Villar; J. M. Calleja; C. Morales y A. Cáceres, "Screening of 17 Guatemalan Medicinal Plants for Platelet Antiaggregant Activity", *Phytotherapy Research*, 11(6):441-5, 1997.

comer grandes cantidades de cáscara de estos cítricos por su fuerte acidez y amargor.

La cáscara disecada es utilizada como ingrediente por sus suaves notas cítricas y algo dulces. En algunos casos puede aportar acidez. Combina bien con otros cítricos, especias, azahar, cacao y notas vegetales, animales y algas.

Las hojas del árbol de lima también se utilizan como ingrediente en tea blending y otorgan notas más alimonadas que la cáscara.

▥▶ Limón

Es el fruto del árbol limonero, de sabor muy ácido y aromático. Originario de Asia, fue llevado a Occidente por los árabes. Se conoce su alto contenido en vitamina C, que ayuda a reducir el estrés, combatir las infecciones y fortalecer el sistema inmunitario. Sin embargo, consumido en bajas concentraciones como sucede en los blends, no es posible asegurar un efecto apreciable. Siempre es necesario evaluar la concentración del ingrediente en la mezcla, la composición del blend, la interacción con el resto de los componentes para establecer de forma correcta sus efectos sobre la salud.

En el aspecto sensorial, el limón es un ingrediente exquisito, aporta frescura y sensación de relax, además de un agradable sabor y aroma. Queda muy bien en mezclas de té negro y verde.

▥▶ Mango

El mango o melocotón de los trópicos es el fruto de la *Mangifera indica*. Fresco tiene gran intensidad aromática y

sabor. Como toda fruta es necesario deshidratarlo para utilizarlo en los blends.

Se utiliza cortado en pequeños trozos, según la granulometría necesaria para la mezcla. Esta fruta tropical aporta vivo color a la mezcla seca y dulzor y algo de frescura frutal a la infusión.

Combina con notas a tabaco, ahumados, con especias, vegetales cocidos, hierbas y flores.

Manzana

La manzana es una fruta pomácea comestible utilizada en la gastronomía de casi todo el mundo.

Para las mezclas con té se utiliza su pulpa y su cáscara deshidratada, cortartadas en diferentes formas según la necesidad. Esta fruta tiene una característica que es muy importante para tener en cuenta: es higroscópica; dicho de otra forma, tiene la propiedad de absorber la humedad del ambiente. Esto hace que no sea recomendada para climas muy húmedos en donde este ingrediente puede hacer que toda la mezcla se vea perjudicada.

En condiciones seguras, la manzana aporta sabor y acidez a la infusión, que muchas veces es necesaria para equilibrar una mezcla o aportar un toque de frescura.

Mezcla bien con notas a vegetales crudos y cocidos, con notas herbales, golosas, especiadas y tostadas.

⫸ Manzanilla

Su nombre botánico es *Matricaria chamomilla*, significa manzana de tierra o manzana pequeña y es de donde deriva su nombre. Se ha usado desde la Antigüedad por los

egipcios, los griegos y los romanos. Se le atribuyen propiedades calmantes, antiespasmódicas, tónicas y digestivas. Este efecto sedativo fue estudiado en algunos trabajos y se aisló la apigenina, componente activo que genera sedación y efectos en el sistema nervioso central.[22]

La flor de la manzanilla tiene un aroma algo dulce y vegetal, y es pequeña y de color amarillento. Mezcla muy bien con tés verdes de origen japonés, con algunos tés verdes chinos y con oolongs ámbar con notas vegetales y tostadas.

⫴ Melisa

También conocida como toronjil, su nombre en griego significa 'abeja', dado que las flores de esta planta atraen mucho a estos insectos. Se la utiliza para combatir el estrés, la angustia y el insomnio. También ayuda a la digestión y se le atribuyen propiedades afrodisíacas. Ninguna de sus descripciones fitoterápicas ha sido corroborada con trabajos científicos.

Combina bien con cítricos, con menta y eucalipto, y con variedades de tés como el Puerh, té verde y con algunos tés negros.

⫴ Menta

La menta (*Mentha*) se utiliza desde la Antigüedad: los romanos la usaban como estimulante del apetito y los griegos, para perfumar el agua de sus baños. Su nombre tiene

22. R. Avallone y P. Zanoli, "Pharmacological profile of apigenin, a flavonoid isolated from Matricaria chamomilla", *Biochemical Pharmacology*, vol. 59, 11, 1, pp. 1387-1394, 2000.

origen en la mitología griega. Minta era una ninfa amante de Plutón que fue transformada en planta por la celosa Proserpina.

Es una planta perenne de unos 30 centímetros de altura, posee numerosos tallos con hojas pequeñas, de color verde brillante, lanceoladas, y flores agrupadas en espigas terminales de color violeta.

Existen muchas variedades de menta, y las más conocidas son la hierbabuena (*Mentha spicata*), llamada en inglés *spearmint*, y la peperina (*Mentha piperita*).

El aceite esencial de la menta en sus distintas variedades tiene principios activos, cuyo componente principal es un alcohol denominado mentol. Mientras más jóvenes y frescas son las hojas, mayor concentración de este alcohol poseen.[23]

En cuanto a su uso medicinal, se consume como infusión o como aplicación local para quemaduras o inflamaciones de piel. Se le atribuyen propiedades antiespasmódicas, favoreciendo los procesos digestivos.

A nivel local, en lesiones de piel, se le atribuye un efecto calmante y refrescante.

En el plano organoléptico es una hierba muy fresca, aromática y liviana. Se utiliza extensamente en infusión. Muchos países árabes tienen como costumbre agregar unas hojas de menta fresca a su taza de té al momento de servirla.

Deshidratada conserva su aroma y mezcla muy bien con otras hierbas, notas vegetales y tostadas. También combina con algunas frutas y cítricos.

---

23. V. Ortega, "Análisis cuantitativo de mentol en aceite esencial de menta", *Revista de Química*, vol. XII. N° 2, 1998.

Naranja

El árbol del naranjo es perenne, de la familia de las Rutáceas, y mide entre 3 y 10 metros de altura. Da flores blancas (la flor de azahar) y frutos de color naranja de los que utilizamos la corteza deshidratada como ingrediente en tea blending. El árbol se comenzó a cultivar en China para usos en la medicina tradicional como estimulante. Cuenta la historia que Alejandro Magno introdujo este árbol en la zona mediterránea y los árabes lo llevaron a la península Ibérica. Se le atribuyen propiedades estimulantes y energizantes.

Existen dos tipos de frutos: la naranja amarga y la dulce. Cualquiera de ellas puede ser utilizada en los blends, aunque la más empleada es la dulce, mientras que la amarga generalmente tiene uso ornamental.

La cáscara de naranja aporta a los blends color, aroma y algo de acidez, además del sabor a naranja. Combina con otros cítricos, con azahar, especias, notas amaderadas, tostadas, tabaco, ahumados y tierras. También va muy bien con el cacao y el chocolate.

⫸ Olivo

El saber popular indica la infusión de hojas de olivo para reducir la presión arterial. También se dice que posee propiedades antioxidantes, que ayudarían a reducir el colesterol malo (LDL). Si bien estas afirmaciones están muy difundidas y arraigadas entre la población, la ciencia aún no cuenta con trabajos que avalen esta afirmación.

Se utiliza en mezclas con frutas dulces como la pasa de uva, el durazno y el damasco, y combina con notas a hierbas, vegetales y flores.

Papaya

La papaya es el fruto de la *Carica papaya*, de la familia de las Caricáceas y crece en climas tropicales. Se conoce con los nombres de papaya, mamón, melón papaya, lechosa o fruta bomba.

Aporta color a la mezcla y un sutil sabor dulce, cálido, algo vegetal. Es importante descartar la fruta caramelizada para evitar posibles fermentaciones, y utilizar únicamente la papaya deshidratada cortada convenientemente en trozos.

Mezcla bien con notas a zanahorias, calabazas, maderas, tabacos, tierras, cacao, café, tostado, durazno y orejones.

Pimienta

Existen distintas variedades de pimienta: roja, verde, negra, blanca, de Jamaica, de Sechuan, etcétera. Todas se utilizan en tea blending, aunque las más comunes son las tres primeras. La pimienta blanca es muy picante, por lo que no es tan común su uso en mezclas con té.

Es un ingrediente vistoso y aromático, pero además influye en el sabor del blend. Aporta notas especiadas, pungencia y a veces amargor. Se debe utilizar con cautela, ya que grandes concentraciones de pimienta pueden generar aristas en el perfil sensorial del té.

La pimienta negra combina con otras especias, cítricos, flores, notas a maderas, notas tostadas, animales y ahumadas.

La pimienta verde combina con notas amaderadas, animales, vegetales, herbales y tierras.

La pimienta roja mezcla bien con notas amaderadas, vegetales, frutas pasas, frutos rojos, notas ahumadas y tierras.

⫸ Poleo

Su nombre científico es *Mentha pulegium L.* También conocida como menta poleo, es una planta perenne que alcanza unos 40 centímetros, con hojas lanceoladas y presenta flores pequeñas de color rosa violáceo.

Sus hojas tienen aceite esencial de mentol y otras sustancias terpénicas. Se utilizan con fines medicinales en infusión, y debido a la presencia de mentol se le atribuyen propiedades relajantes del músculo liso, por ello se lo indica como antiespasmódico (contracciones involuntarias del tubo digestivo).

El poleo estimula el útero (también por contracción de músculo liso presente en las paredes uterinas), provocando menstruaciones abundantes. No está recomendado para mujeres embarazadas, durante el período de lactancia o con menstruaciones abundantes.[24]

Combina bien con diversos tipos de tés y con algunas hierbas y frutas como los cítricos.

⫸ Regaliz

El regaliz también es conocido como palo dulce; planta perteneciente a la familia de las Papilonáceas (Fabáceas), se caracteriza por presentar una altura cercana a 1,5 metros El extracto se obtiene a partir de la raíz. Entre otros compuestos presenta saponinas triterpénicas, flavonoides, glúcidos, etcétera.

Posee propiedades antiespasmódicas y antiácidas. En fitoterapia se lo indica como antiulceroso gástrico. También se lo usa como antigripal y para aliviar el catarro. En estudios in vitro se ha demostrado actividad antiinflamatoria, así como actividad antimicrobiana frente a algunas bacterias presentes en boca, por lo que combatiría la placa bacteriana.[25]

---

24. J. Gisbert Calabuig, *op. cit.*
25. J. Alonso, *op. cit.*

Tiene un sabor intenso, con un gusto dulce característico. Combina muy bien con el té negro y con algunas especias como la canela.

ⅢⅢ Romero

Esta planta muy aromática, ampliamente utilizada en la cocina, estimula la memoria y la creatividad. Presenta gran cantidad de antioxidantes, que al realizar la infusión pasan al licor. Estos antioxidantes presentan actividades anticancerígenas y antimicrobianas, por ello estaría indicado en las afecciones respiratorias y del aparato digestivo.[26]

Su aroma es muy intenso y muy fácilmente puede invadir la mezcla. Es recomendable usar pequeñas cantidades. Combina muy bien con notas mentoladas y vegetales.

ⅢⅢ Rooibos

El rooibos significa 'arbusto rojo' y proviene de una planta de origen sudafricano llamada *Aspalathus linearis*. Es conocido como "el té rojo de África", pero no debería ser llamado "té" dado que no se trata de la *Camellia sinensis*.

Se le atribuyen numerosos beneficios para la salud, entre ellos, poder anticancerígeno, antiinflamatorio y ciertas propiedades antibacterianas. Muchos trabajos, como el del *South African Journal of Food and Science Nutrition*, "Antioxidants of Rooibos tea, a possible explanation for its health promoting properties?", afirman que estos beneficios

26. A. Hernández y E. Prieto González, "Plantas que contienen polifenoles", *Revista Cubana de Investigación Biomedicinal*, 18(1):12-4, 1999.

La alquimia del Té

están relacionados con la alta concentración de antioxidantes que posee esta bebida, como vitamina C, magnesio, y flavonoides.[27]

Los principales antioxidantes presentes en la infusión de rooibos son la quercetina y la luteolina (también presentes en frutas y flores). Una taza de 250 centímetros cúbicos de infusión de rooibos verde (hay dos variedades: no oxidado o verde y oxidado o rojo) puede contener hasta 60 a 80 miligramos de antioxidantes. Diversos estudios afirman que la presencia de antioxidantes es la que le otorga beneficios anticancerígenos, neutralizando los radicales libres del cuerpo, generados por mala alimentación, sedentarismo, tabaquismo, etcétera.[28]

A diferencia del té, café y mate, esta infusión no contiene cafeína.

27. E. Joubert y D. Ferreira, "Antioxidants of Rooibos tea, a possible explanation for its health promoting properties?", *South African Journal of Food and Science Nutrition*, 8:79-83, 1996.

28. L. Erickson, "Rooibos Tea: New Research Documents Antioxidant and Anticancer Properties", *First North American Serial Rights*, 2002.

Dada la pequeña granulometría con la que se encuentra en general, el rooibos no mezcla con muchos tés en hebras enteras, pero sí es posible combinarlo con hojas partidas o fannings.

Tiene un gusto dulce agradable y es suave, por lo que hay que tener cuidado al mezclarlo con especias porque fácilmente podrían taparlo.

Combina muy bien con frutos rojos y con los distintos tipos de anís.

Rosa

Existen muchísimas variedades de rosas, cada una con distinta intensidad y tonalidad aromática. Para nuestros blends, dependiendo de la granulometría necesitada y de

la apariencia que queramos darle a nuestro blend, podremos usar las rosas enteras, sus pétalos o los pimpollos.

La infusión de los pétalos de la flor se indica desde la Antigüedad para combatir gran número de dolencias: dolor de garganta, diarreas y parásitos intestinales.

El aroma a rosas se asocia a la disminución de la ansiedad y con efectos afrodisíacos. Es muy utilizado en aromaterapia para estos fines aunque no hay suficientes estudios que avalen esta afirmación de forma científica.

De la rosa también se obtiene su aceite esencial que aporta una exquisita fragancia, aunque su precio es extremadamente elevado.

La rosa combina bien con notas tostadas y dulces como la vainilla, frutos rojos, frutas pasas, especias y notas amaderadas. También, con notas vegetales y algunas hierbas.

143

Rosa mosqueta (escaramujo)

La rosa mosqueta es una planta que da una flor pequeña, roja llamada *Rosa englanteria*.

Si bien existe mucha bibliografía publicada sobre los beneficios para la salud del aceite de rosa mosqueta, no están bien establecidos los beneficios de su consumo. Localmente se la indica para el tratamiento de úlceras, acné y dermatitis.[29]

Por su alto contenido en vitamina C se usa su fruto (conocido como escaramujo) en infusión para estimular el sistema inmunitario, dado que la vitamina C es un antioxidante natural.

En los blends se utiliza el fruto deshidratado cortado en distintas granulometrías. Aporta algo de acidez a la infusión y también sutiles notas dulces. Combina bien con aromas amaderados y vegetales, con canela y con naranja.

Salvia

Es un arbusto herbáceo, perenne, de la familia de las Lamiáceas.

Entre los beneficios que se postulan para el consumo de la salvia en infusión es su capacidad antiséptica, digestiva y de disminución de la sudoración nocturna durante la

29. F. Sainz-Pardo Rubio, "Situación actual del tratamiento local de los problemas inherentes a la menopausia con cápsulas de aceite de rosa mosqueta tipo twist-off", presentación IX Congreso para el estudio de la menopausia 2006. 2. M. T. Pingarrón Montes, "Aceite de rosa mosqueta cuidado de herida quirúrgica postparto", presentación Congreso Nacional-Asturiano de Matronas, mayo 2006.

menopausia. También se le atribuyen propiedades hipoglucemiantes (disminución de azúcar en sangre).[30]

La salvia puede disminuir la producción de leche en las mujeres que están amamantando, por lo que se aconseja evitar esta hierba salvo que se desee iniciar el destete. Tampoco debe ser consumida por mujeres en estado de gestación.

Sus notas herbáceas son muy interesantes y combina bien con el romero, la menta y la pimienta negra.

⫸ Sauco

Las flores de sauco son pequeñitas, de color amarillento amarronado opaco y tienen un aroma dulce sutil. Pueden aportar belleza a la mezcla e interfieren en el sabor. Nunca deben utilizarse frescas (como cualquier ingrediente), pero en particular las semillas de sauco crudas pueden causar trastornos, de ser ingeridas.

⫸ Tilo

El tilo es un árbol del género Tilia, caducifolio, con hojas planas de borde festoneado, de hasta 15 centímetros de diámetro.

Las flores y hojas de tilo se utilizan principalmente como infusión sedante (a veces llamada tila); es indicado en la farmacopea para el tratamiento de la ansiedad y el insomnio. Hay estudios que muestran este efecto en el sistema

30. B. Tepe y D. Daferara, "Antimicrobial and antioxidant activities of the essential oil and various extracts of Salvia tomentosa Miller (Lamiaceae)", *Food Chemistry*, vol. 90, N° 3, pp. 333-340, 2005.

nervioso central.[31] También algunos escritos sobre fitoterapia le atribuyen efectos débilmente diuréticos, así como indicados en cefaleas.

Su aroma es suave pero muy interesante. Combina bien con notas vegetales y con flores blancas por lo que se puede mezclar con la mayoría de los tés verdes y algunos oolongs de jade.

IIID Tomillo

El tomillo es un arbusto leñoso, que alcanza los 30 centímetros de alto, con hojas pequeñas lanceoladas de color verde grisáceo. Se usan tanto las hojas como las flores. A nivel digestivo se le atribuyen propiedades antisépticas, antiespasmódicas y antibióticas. También propiedades antibióticas en la piel a nivel local. Se ha detectado una discreta actividad antibiótica del aceite esencial de tomillo, *Thymus vulgaris*.[32]

El tomillo como ingrediente en un blend aporta suaves notas especiadas y vegetales, por lo que combina bien con especias y hierbas, además de con ingredientes con notas tostadas y dulces, como los tés blancos.

31. E. Hernández Aguirre; A. Martínez ; et al., "Pharmacological evaluation of the anxiolytic and sedative effects of Tilia americana L. var. mexicana in mice", *Journal of Ethnopharmacology*, vol. 109, 1, pp. 140-145, 2007.

32. C. Coy Barrera y G. Acosta, "Actividad antibacteriana y determinación de la composición química de los aceites esenciales de romero (*Rosmarinus officinalis*), tomillo (*Thymus vulgaris*) y cúrcuma (*Curcuma longa*) de Colombia", *Revista Cubana de Plantas Medicinales*, 18(2):237-246, 2013.

⫸ Uva

La uva es la fruta obtenida de la vid, de nombre botánico Vitis.

La uva pasa o pasa de uva es la uva deshidratada y puede ser utilizada entera en un blend (si las hebras con las que se mezclan lo admiten) o en trozos.

Al cortar las uvas en pequeños pedazos se obtiene una mayor impresión sensorial en el licor. Las uvas pasas negras y rubias difieren levemente en aroma y sabor y conviene siempre probarlas antes de ser utilizadas en un blend, dado que el origen del fruto impacta de forma notable en sus cualidades organolépticas.

En general las uvas pasas son muy dulces y mezclan bien con tés negros, y puerhs en especial con notas ahumadas, amaderadas, especiadas y golosas.

⫸ Yerba mate

La yerba mate o *Ilex paraguariensis* se utiliza para el mate: una infusión que se prepara con hojas trituradas dentro de un recipiente o una calabaza disecada. Luego se incorpora el agua y se bebe a través de un instrumento generalmente de metal llamado bombilla. De esta forma se bebe continuamente una reinfusión de las hojas.

Desde el punto de vista botánico, es un árbol aquifoliáceo, originario de América del Sur, cultivado en el norte de la Argentina, sur del Brasil y Paraguay.

En cuanto a su composición fitoquímica, posee polifenoles como quercetina, al igual que el té verde, y además otros propios de esta infusión. También posee cafeína. Se le atribuyen propiedades antioxidantes, así como discreta acción in vitro antitumoral, combatiendo las células tumorales.

Otro dato interesante es que el consumo de mate, así como de té, incrementa la actividad termogénica, por lo que favorece el tratamiento de sobrepeso y obesidad.[33]

Asimismo, la yerba mate puede utilizarse como ingrediente en un blend, para darle un carácter único a la mezcla. Algunas yerbas tienen notas herbales, de vegetales crudos y otras, como la variedad barbacuá, poseen notas ahumadas.

Existen distintas granulometrías de yerba (la hoja siempre se encuentra picada) y la mayoría de las yerbas del mercado, que se pueden adquirir por kilo en cualquier almacén o supermercado en los países mencionados, están compuestas por un blend de palo, polvo y hoja en distintas proporciones. Es importante conocer la composición de la mezcla, ya que los blends de yerba con polvo podrían

---

33. C. Heck y E. de Mejia, "Yerba Mate Ilex Paraguariensis", *Journal of Food Science*, vol. 72, N[o 9, 2007.]

dañar la infusión (por el aporte de precipitado en la taza). También se puede conseguir la yerba sin mezclar o en las granulometrías necesarias comprando de forma directa a productores o en tiendas especializadas.

La yerba combina con notas vegetales, amaderadas, ahumadas, algunas frutas tropicales, cítricos y con especias.

⫸ Ejemplos de plantas comunes venenosas

Muchas veces nos vemos tentados a utilizar esas hermosas flores que recogemos de la pradera o que tenemos en el jardín, pero no sabemos que plantas de uso muy común podrían causar efectos no deseados en la salud, cuando las ingerimos o cuando preparamos su infusión. Existen flores y plantas conocidas, que se encuentran fácilmente a nuestro alcance que no deberíamos usar para el tea blending, ya que pueden tener efectos nocivos sobre la salud,[34] por ejemplo:

Azalea y rododendro (*Rhododendron nudiflorum* y *Rhododendron ferrugineum*): puede provocar hipertensión arterial de larga duración, además afecta la función cardíaca.

Azucena (*Amaryllis bella-donna*): puede causar parálisis muscular, pérdida de la coordinación y parálisis del sistema respiratorio.

---

34. VV. AA., *Plantas comestibles y venenosas*, Madrid, Servilibro, 2003.

Bayas de madreselva (*Lonicera nigra*): la ingestión de las bayas puede producir náuseas, vómitos y dolores abdominales.

Botón de oro (*Ranunculus acris*): puede causar inflamación de la mucosa bucal, vómitos, inflamación de los riñones, vértigo y muerte por paro respiratorio. Hay casos en que ha provocado conjuntivitis en niños que recogieron flores y luego se frotaron los ojos.

Cicuta (*Conium maculatum*): esta planta es muy parecida al perejil y al hinojo, y posee una neurotoxina que inhibe el funcionamiento del sistema nervioso central produciendo el llamado "cicutismo".

Escobón o retama de escobas (*Cytisus scoparius*): puede causar vómitos, diarrea, sudor frío, debilidad, dificultad para respirar y muerte.

Espuela de caballero (*Consolida regalis, Delphinium ajacis*): puede provocar reacciones alérgicas, salivación, pérdida de la coordinación y parálisis respiratoria.

Helecho macho (*Dryopteris filix-mas*): puede producir vómitos, visión teñida de amarillo, parálisis del sistema nervioso central y ceguera.

Lirio de los valles (*Convallaria majalis*): puede causar irritación del tracto digestivo, diuresis (una mayor producción de orina), debilidad cardíaca y colapso.

Peonía (*Paeonia officinalis*): la ingestión de la flor entera en grandes cantidades puede provocar náuseas, vómitos y dolores abdominales. En blending utilizamos los pétalos de las flores. Como se infusionan con el té en muy pequeñas cantidades se pueden emplear de forma segura.

Potus (*Epipremnum aureum*): su ingestión puede causar edema de glotis.

Romerillo (*Baccharis coridifolia*): más conocido como mío-mío, todas sus partes son tóxicas, y provoca la muerte a muchos animales del campo como vacas, ovejas y cerdos. La intoxicación crónica por mío-mío comienza con enflaquecimiento progresivo y pérdida de peso. No debe ser ingerida de ninguna forma, ni siquiera en infusión.

Trompetas del Perú (*Datura arborea*): puede producir sequedad de la boca, dificultad para hablar, pupilas dilatadas, ceguera, pérdida de conciencia y muerte.

Violeta bulbosa (*Corydalis cava*): puede causar rigidez muscular, efecto narcótico y muerte.

Capítulo 5
Aromatizantes y saborizantes

"¿Qué es el amor?", le pregunta una niña a su maestro. El maestro calla. "¿Cómo sé que estoy enamorada?", vuelve a preguntar. El maestro calla y prepara una humeante taza de té. La niña responde: "Ya comprendo".

"Prefiero tener flores en la mesa que diamantes en mi cuello".

Emma Goldman.

Ⅲ▶ El aroma

Desde la Antigüedad, civilizaciones como la egipcia, la india y la babilónica han empleado plantas con fines medicinales para sanar dolencias, purificar espíritus e incluso con fines mágicos, religiosos y estéticos. La medicina china también utilizaba remedios naturales a base de plantas y, junto con la acupuntura y una correcta alimentación, formó los pilares de lo que hoy se conoce como medicina tradicional china. Se sabe que la medicina moderna debe muchos de sus remedios a los chinos como, por ejemplo, el uso de la efedrina, el ginseng y el té. En la antigua Grecia también se creía que para tener una vida sana y larga era necesario darse baños de agua aromatizada con flores y hierbas, costumbre que más tarde los romanos impusieron en sus baños públicos con aguas termales y perfumes, en los que utilizaban plantas, flores y maderas para que fuesen saludables.

Los primeros alquimistas que hacían uso de los aromas fueron los sacerdotes egipcios, que mezclaban jugos extraídos de flores, plantas, especias, resinas, vino, miel y aceites para hacer incienso y ungüentos que utilizaban en sus rituales religiosos. Existe gran cantidad de documentos arqueológicos que evidencian el uso de estas pócimas incluso en la vida cotidiana.

Desde antaño el olor se ha denominado también esencia y espíritu. Siempre ha constituido un papel primordial en las composiciones sensoriales. En la vida contemporánea los aromas siguen teniendo gran importancia, y somos los nuevos alquimistas, los alquimistas del té, quienes podemos incorporarlos a nuestras mezclas para darles espíritu, vida, esencia a nuestras creaciones.

El poder evocador del té

Algunas veces una comida o una música nos lleva a un momento especial en el pasado, nos transporta a un lugar lejano o nos genera diversas sensaciones. Esto sucede muy a menudo cuando bebemos una taza de té. Sin darnos cuenta, un sorbo de nuestra bebida favorita nos transporta a esa callecita en París, a las risas con amigos, o a las amorosas tardes de verano que pasábamos con nuestra abuela; y entonces, una delicada pero auténtica sonrisa se dibuja en nuestro rostro… esto se debe principalmente al poder evocador que tiene el sentido del olfato.

El olfato permite apreciar el olor de los alimentos y bebidas no solo por vía directa (oliendo directamente el producto), sino también por vía indirecta (mediante la circulación del aroma por la vía retronasal). Cada vez que llevamos un alimento a la boca, diminutas partículas volátiles viajan desde la cavidad bucal hasta la nariz permitiendo la identificación de sus aromas.

Recordemos que el "sabor" de un alimento está dado por el aroma percibido a través de la nariz (ya sea por vía directa o por vía retronasal) y por el gusto y las sensaciones

táctiles percibidas en la boca. Por eso a la hora de crear un blend debemos considerar todas estas percepciones, y construir la mezcla tratando de estimular los distintos sentidos: el olfato, el gusto, el tacto, la vista e incluso el oído...

De todos los sentidos, el olfato es el más íntimamente relacionado con nuestros recuerdos y nos puede transportar rápidamente a momentos muy lejanos en tiempo y espacio. Es por esto que a veces logramos que el té tenga un gran poder evocador.

El tea blending es la herramienta que nos permite trabajar con los sentidos para generar distintas sensaciones en la persona que bebe nuestra mezcla. Es así como en cualquier momento del día un buen blend puede ser un disparador de emociones. Sólo debemos dejarnos llevar a donde el té nos guíe...Una taza de té es un pasaje al viaje más soñado.

Ha sido ampliamente estudiada la relación entre el olfato y las emociones. Este efecto surge de las interrelaciones de diferentes áreas cerebrales que procesan la información de dichas sensaciones. La base anatómica de ello es el sistema límbico, que rige todos los circuitos neuronales que controlan las motivaciones y el comportamiento emocional. Está relacionado con el hipotálamo, que a su vez controla en el organismo la temperatura corporal, el impulso de comer, beber, el control del peso corporal, o sea, todas las funciones vegetativas del cerebro. Al recibir una sensación olfatoria se ponen en funcionamiento en el cerebro humano extensas áreas que a su vez procesan la memoria, el lenguaje y la respuesta emocional.[1] Por eso, al recibir el estímulo de un aroma, es decir, cuando ingresan moléculas capaces de estimular el sistema límbico, y se disparan en nuestro cerebro por vía aferente (de entrada al cerebro), se procesan en el sistema límbico y como vía eferente (de salida del cerebro) se traducen en actos, sensaciones, evocaciones de recuerdos vívidos.[2]

El sistema límbico con el hipotálamo se relacionan a través de estímulos hormonales con la hipófisis. Esta glándula ubicada en la base del cerebro controla el resto de las glándulas del organismo, entre ellas las glándulas suprarrenales, encargadas de responder ante situaciones de crisis, estrés o diferentes emociones, a través de descargas de adrenalina. Por lo tanto, cuando un olor determinado llega al cerebro, se procesa en el sistema límbico y se relaciona con las demás áreas del cerebro, y responde a través de una descarga hormonal: la adrenalina.[3] Fisiológicamente esto se traduce en palpitaciones, sudoración, nerviosismo o un sinfín de sensaciones diferentes en el organismo, que pueden estar relacionadas con placer o displacer según sea el recuerdo.[4][5]

1. A. Guyton, *Tratado de fisiología médica*, Interamericana Mc Graw-Hill, 8va ed.

2. J. Klinger y J. Herrera, "La psiconeuroinmunología en el proceso salud enfermedad", *Colom Med*, 36(2):120-126, 2005.

3. J. Bonet, "El stress como factor de vulnerabilidad, de la molécula al síndrome", www.gador.com.ar, 2008.

4. Y. Masaoka; H. Sugiyama; *et al.*, "Slow Breathing and Emotions Associated with Odor-Induced Autobiographical Memories", *Chem. Senses*, 37:379-388, 2012.

5. M. Bensafi; S. Pouliot; et al., "Odorant-specific patterns of sniffing during imagery distinguish 'bad' and 'good' olfactory imagers", *Chem Senses*, 30:521-529, 2005.

Aromatizantes y saborizantes

Por esto los olores nos pueden remitir en milisegundos a momentos muy lejanos de nuestra infancia o despertar emociones.

"Un perfume puede borrar los años al recordar un olor."

Walter Benjamin.[6]

Nuestra experiencia olfativa o memoria sensorial se va alimentando a lo largo de nuestra vida y tiene una gran importancia emocional, dada su atemporal capacidad de asociación con situaciones del pasado, a veces felices y a veces no tanto.

6. W. Benjamin, *Illuminations*, Nueva York, Schocken Books, 1985.

"Ningún otro sentido tiene un poder de sugestión más fuerte, el poder de despertar antiguos recuerdos con una repercusión emocional amplia y profunda, mientras al mismo tiempo ningún otro sentido proporciona impresiones que cambian con tanta facilidad el tono emocional, en armonía con la actitud general del receptor. Los olores son, pues, especialmente aptos tanto para controlar la vida emocional, como para convertirse en sus esclavos", afirma H. Ellis[7]

En menor medida puede suceder con los colores y la evocación de recuerdos: aunque la cromoterapia relaciona ciertos colores con la inducción de estados de ánimo determinados, la vía visual no genera impulsos tan determinantes

7. H. Ellis, *Studies in the phisiology of Sex: sexual selection in man*, Filadelfia, F. A. Davis, 1905.

como la olfativa.[8] Por ejemplo, podríamos pensar que determinado color de licor (en nuestro té) nos favorece la calma o es energizante, etcétera. Por ello el arte del tea blending no depende de un solo factor, de la técnica empleada o del gusto de nuestra mezcla, sino que es un conjunto de cualidades que generan sensaciones en la persona que lo ve, lo huele y lo bebe.

Utilizando los aromas de forma apropiada es posible generar sensaciones, despertar sentimientos y evocar recuerdos a través de una simple taza de té. Ese es el mayor desafío del tea blender.

La armonía en el aroma

Saber mezclar los distintos aromas es fundamental para lograr la armonía en un blend. Para eso es necesario no solo conocer el olor de las distintas esencias, ya sean naturales o sintéticas, sino también el aroma y el gusto de cada uno de los demás ingredientes como especias, hierbas, frutas y las distintas variedades de tés.

Cada ingrediente tiene notas aromáticas propias de su naturaleza. Existen ingredientes como las frutas cuya nota aromática claramente podemos identificar y describir con su nombre. En otros casos como en el té, la cantidad de notas aromáticas presentes en cada variedad depende de su complejidad y es inherente a ese té en particular. Esas notas podrían variar sutilmente de cosecha a cosecha, o de jardín a jardín. Es así como en el capítulo 3 de este libro mencioná-

8. R. Rodríguez Ramos y J. Rodríguez Pérez, "Psiconeuroendocrinología, el pensamiento complejo y la medicina naturista", *Medicina Naturista*, 3(2):86-91, 2009.

bamos que, en general, los tés blancos chinos suelen tener notas a rosas, vegetales cocidos y a pan tostado.

Para crear un blend virtuoso es necesario combinar adecuadamente las notas aromáticas que se mezclan y tener en cuenta su volatilidad para lograr la percepción deseada. Considerar la volatilidad de los aromas nos permitirá construir un blend como si fuera una casa: con estructura, con cuerpo y con espíritu. Según sean más o menos volátiles, las notas aromáticas se clasifican en agudas, medias y graves.

Las notas agudas o de salida son las más volátiles. Son la tarjeta de presentación de nuestro blend, las que le darán la primera impresión a quien lo huela o beba de la taza. Las notas agudas son generalmente de hierbas, algunas especias y cítricos como la naranja, el limón, la lima, la bergamota, el pomelo, el petitgrain (obtenido de la hoja del naranjo), la menta, el cilantro, el cardamomo, la pimienta negra, el jengibre, la nuez moscada, etcétera.

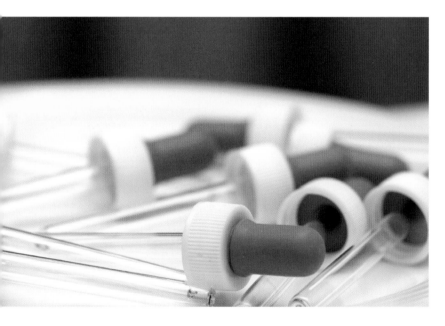

Las notas medias o del corazón son las que le dan cuerpo y plenitud a las mezclas. Son notas medias la mayoría de las esencias florales como la rosa, el geranio (algunas veces utilizado engañosamente en lugar de la rosa), el jazmín, el nardo, la magnolia, el azahar (neroli), la lavanda, el tilo, la manzanilla, el ylang-ylang, algunas especias como el clavo y la canela y notas a frutas.

Las notas de fondo o graves son las que le dan la estructura a toda la composición aromática, le otorgan su base y su permanencia. Son notas graves, por ejemplo,

la vainilla, la angélica, el vetiver, el pachuli, el estragón, el hibisco (abelmosco), el tabaco, las maderas, el café y el cacao, entre otros.

Cuando queremos dar una impresión aromática, nos concentraremos en las notas agudas o de salida, y cuando queremos dejar un largo recuerdo de nuestro té, nos enfocaremos más en las notas de fondo.

Cabe destacar que diversos especialistas podrían categorizar algunas notas aromáticas en distintas categorías.

"El olor, en muchas ocasiones más
que ninguna otra impresión, transmite
un recuerdo a la conciencia apenas
deteriorado por el paso del tiempo,
despojado de las irrelevancias del
momento o de los acontecimientos
sucedidos en los años que han
pasado, aparentemente vivo y del todo
convincente."

Roy Bedicheck.[9]

El uso de saborizantes y aromatizantes es una herramienta muy importante en el tea blending y debe realizarse con cuidado. Cabe recordar que podemos diseñar blends omitiendo el uso de esencias, aportando las notas aromáticas con ingredientes secos como especias, frutas, hierbas además de las propias notas aromáticas del té.

⫸ Las esencias

En perfumería se llama "esencia" al aroma de una planta y "aceite esencial" al líquido que se extrae de ella. Pero, en general, se suelen denominar "esencias" a los productos que se obtienen por cualquier método de extracción y también a los productos sintéticos idénticos a los naturales o las mezclas naturales y artificiales. Las esencias son ladrillos con los que construiremos, junto a los demás ingredientes, la mezcla perfecta, el blend soñado, el té inspirador…

Los aromatizantes y saborizantes que utilizamos en tea blending pueden ser de tres tipos: naturales (aceites esenciales), idénticos a los naturales o artificiales. Los sa-

---

9. R. Bedicheck, *The Sense of Smell,* Londres, Michael Joseph, 1960.

borizantes naturales son extraídos directamente de las diferentes partes de las plantas: de los tallos (como la canela), de las hojas (como la menta), de las flores (como la rosa), de las raíces (como el jengibre), de los frutos (como el limón) y de las semillas (como el cardamomo). Son sustancias líquidas, volátiles y aromáticas.

Los saborizantes idénticos a los naturales son compuestos sintéticos que imitan la forma de la molécula natural, por lo que su olor es muy similar al del producto extraído de la naturaleza. Los artificiales son sustancias sintetizadas que en general se hacen de productos que no existen en su forma natural, y se presentan de manera líquida, sólida (en pequeños granulitos) o en perlas que desprenden su aroma al contacto con el agua caliente.

Según la Asociación de Fabricantes de Extractos y Sabores de los Estados Unidos, FEMA (Flavor and Extract Manufacturers Association of the United States) no siempre hay mucha diferencia en la composición química de aromas naturales y artificiales. Lo que siempre es diferente es la fuente: unos provienen de la naturaleza y otros, de materiales sintéticos.

¿Cómo sabemos si una sustancia es natural o no? Existe una forma muy fácil de separar rápidamente algunas esencias. Por ejemplo, no se puede extraer el sabor natural del chocolate, por lo que una esencia de chocolate siempre será artificial, pero sí se puede extraer el aceite esencial de la semilla de cacao, por lo que podemos encontrar este en su forma natural.

⫸ Aceites esenciales

Los aceites esenciales son líquidos insolubles en agua (salvo que estén disueltos en alcohol), levemente solubles en vinagre y solubles en alcohol, grasas, ceras y aceites vegetales. Se denominan aceites porque se presentan en forma oleaginosa, pero en general están compuestos por terpenos, ésteres, alcoholes, aldehídos, óxidos e hidrocarburos, entre muchas otras formas. Los aceites esenciales tienen una gran cantidad de compuestos químicos, que hacen que sus moléculas estén en equilibrio. Por otro lado, esta complejidad también hace que no se puedan reproducir con total exactitud en un laboratorio. Por eso el aroma artificial a limón nunca tendrá la profundidad del aroma natural, ni sus efectos sobre el cuerpo y el ánimo, dado que dichos efectos son otorgados por los principios activos, solo presentes en los productos naturales. Ese equilibrio expresado en forma de los principios activos es la "fuerza vital" de la que hablan los perfumistas.

Existen alrededor de tres mil aceites esenciales diferentes. Son muy inestables: volátiles (se evaporan con mucha facilidad), frágiles y alterables con la luz. Son escasos y muy caros. Por ejemplo, para hacer un litro de aceite esencial de lavanda se necesitan 380 kilos de flor de lavanda.

De algunas plantas se pueden obtener distintos aceites esenciales de las diferentes partes que la componen. Por ejemplo, el naranjo. De la cáscara del fruto se saca el aceite esencial de naranja; de la flor se obtiene el aceite de neroli o azahar, y de la hoja, el aceite petitgrain. Según estudios de aromaterapia y fitoterapia, cada uno de ellos tiene diferentes efectos sobre el ánimo, por lo que se debe analizar cuál utilizar no solo en función de las sensaciones que se deseen despertar cuando se beba un blend, sino de

las distintas notas aromáticas que cada parte de la planta otorga.

Asimismo, el origen de la planta o la región donde crece hace que tenga distintas propiedades. De esta manera, la lavanda que crece en Francia no tiene las mismas propiedades que la que se produce en la Argentina. Las condiciones del terreno, las horas de insolación y otros factores inciden directamente sobre la composición química de la esencia que produce cada planta. Por eso es importante considerar el quimiotipo de los aceites esenciales. El quimiotipo es la composición química de un aceite esencial.

Los aceites esenciales naturales contienen principios activos que son los que les dan las propiedades terapéuticas. Según distintos autores[10] [11] son compuestos químicos que en determinadas concentraciones pueden actuar sobre el organismo y las emociones. Los aromatizantes y saborizantes sintetizados (artificiales) no los tienen.

▮▮▶ Métodos de obtención de aceites esenciales

Los aceites esenciales pueden obtenerse por distintos métodos de extracción. Son procedimientos que se utilizan desde el antiguo Egipto y otros desde la época medieval.

10. A. Huete, *Aromaterapia. El poder curativo de las flores y plantas*, Barcelona, Océano, 2007.
11. E. Sanz Bascuñana, *Aromaterapia. El poder sanador de los aromas naturales*, Barcelona, Hispano Europea, 2011.

- **Extracción:** separación de una sustancia que puede disolverse en dos solventes no miscibles entre sí, con distinto grado de solubilidad.

- **Presión en frío:** exprimiendo sin calentar.

- **Enfleurage:** sirve para ciertas flores delicadas, utilizando determinadas sustancias grasas que tienen la propiedad de absorber los perfumes por contacto.

- **Disolución en aceites vegetales:** como en aceite de almendra, maní u oliva.

- **Destilación en corriente de vapor:** consiste en separar, mediante evaporación y condensación, los diferentes componentes disueltos en líquidos o gases licuados de una mezcla, aprovechando los distintos puntos de ebullición (temperaturas de ebullición) de cada una de las sustancias.

Tipos de aceites esenciales

- Cítricos (naranja, mandarina, limón, lima, bergamota...)

- Especias (clavo, canela, pimienta, cardamomo...)

- Florales (rosa, jazmín, lavanda, azahar...)

- Vegetales (menta, eucalipto, pino...)

- Golosos (vainilla, cacao...)

Esencias artificiales más comúnmente usadas

- Almendra
- Ananá
- Caramelo
- Cereza
- Chocolate
- Crema
- Dulce de leche
- Durazno
- Frambuesa
- Frutilla
- Frutos rojos
- Melón

- Miel

- Rhum

- Whisky

Principios activos

> "Al escuchar esa sonata, ya no podía decir si estaba respirando música o escuchando aroma. Pues los sonidos, colores y olores no solo se responden el uno al otro en la naturaleza, sino que a veces también están fusionados en nosotros mismos en una profunda unidad, provocando diferentes respuestas de distintos órganos."
>
> Guy de Maupassant.

La aromaterapia es una técnica que utiliza los aromas para mejorar la salud y el estado de ánimo de forma natural. Conociendo su uso podremos incorporar este conocimiento a la práctica del blending, para la selección de nuestros ingredientes con fines específicos.

Como hemos mencionado, los aceites esenciales naturales extraídos de las distintas partes de las plantas contienen principios activos que son los que les dan las propiedades terapéuticas. Estos principios activos pueden penetrar en el organismo de diversas maneras. Una es oliéndolos. Al oler una sustancia aromática natural, los principios activos llegan al cerebro y al sistema límbico, formado por varias estructuras que gestionan respuestas fisiológicas ante estímulos emocionales.

Cabe recordar que los efectos de los principios activos de los aceites esenciales no pueden reemplazar tratamientos médicos indicados por especialistas. Sobre todo existen técnicas en la aromaterapia como la aplicación de los aceites en masajes, en los que estos se utilizan en proporciones mucho más altas que en el té (donde el aceite está distribuido en las hebras secas y luego diluido en agua). Sin embargo, las sutilezas aromáticas percibidas en una taza de té pueden actuar como disparadores de la memoria olfativa y de esta forma actuar sobre el estado de ánimo e incluso sobre ciertas dolencias.

Un estudio realizado por los investigadores franceses Penoel y Franchomme arrojó un resultado sorprendente acerca de la relación entre la carga eléctrica de las moléculas aromáticas y sus propiedades terapéuticas. En este estudio[12] se asegura que los aniones (las moléculas de carga eléctrica negativa) tienen un efecto relajante y calmante. En cambio los cationes (las moléculas de carga eléctrica positiva) poseen propiedades tonificantes y estimulantes. Esto explicaría por qué algunos aceites esenciales son relajantes (como la lavanda) y otros estimulantes (como el romero). Ciertos aceites esenciales tienen la doble función de relajar y estimular. Por ejemplo, la bergamota y el geranio podrían sedar o estimular de acuerdo con las necesidades personales.

Solo a modo informativo estudiaremos algunos de los efectos más conocidos [13] [14] [15] [16]de los aceites esenciales que se utilizan en aromaterapia:

La alquimia del Té

174

12. A. Huete, *op. cit.*
13. E. Sanz Bascuñana, *op. cit.*
14. A. Depetri; A. Ponce de León y M. Rodríguez, *Aromaterapia. Las esencias del bienestar*, Barcelona, Editorial Sol 90, 2005.
15. C. Rojas, *Aromaterapia: aceites y masajes para la cura del cuerpo y de la mente*, Madrid, Andromeda, 2005.
16. A. Huete, *op. cit.*

Afrodisíacos (estimulan el deseo sexual): azahar (neroli), hinojo, jazmín, romero, rosa, salvia, violeta.

Analgésicos (calman o alivian dolores): bergamota, lavanda, manzanilla, menta, romero.

Antidepresivos (levantan el ánimo): azahar (neroli), bergamota, geranio, jazmín, lavanda, manzanilla, melisa, naranja, rosa.

Antiespasmódicos (ayudan a aliviar calambres musculares): eucalipto, enebro, hinojo, salvia, manzanilla, naranja, pimienta, romero, rosa, lavanda.

Antiinflamatorios: lavanda, manzanilla, menta, rosa, violeta.

Antisépticos (ayudan a matar gérmenes): bergamota, enebro, eucalipto, lavanda, limón, naranja, pino, romero, tomillo.

Astringentes (detienen diarreas): canela, geranio, limón, rosa.

Desodorantes: citronela, eucalipto, lavanda, romero.

Digestivos: boldo, canela, cardamomo, cilantro, jengibre, melisa, menta.

Diuréticos (favorecen la eliminación del líquido a través de la orina): enebro, geranio, hinojo, lavanda, limón, pomelo, salvia.

Estimulantes: geranio, naranja, pimienta negra, romero, rosa, tomillo, violeta.

Hepatoprotectores: cardamomo, limón, manzanilla, menta, rosa.

- Hipertensivos (levantan la presión sanguínea): romero.

- Hipotensivos (bajan la presión sanguínea): geranio, lavanda, limón, melisa.

- Nervinos (ayudan a estabilizar el sistema nervioso): azahar (neroli), bergamota, geranio, jazmín, laurel, lavanda, limón, mandarina, manzanilla, melisa, menta, naranja, rosa.

- Relajantes (ayudan a relajar el cuerpo y facilitan la meditación): azahar, lavanda, violeta.

- Sedantes: (ayudan a calmar el estado de ánimo y los nervios): azahar, boldo, lavanda, manzanilla, melisa, salvia, violeta.

Los aceites esenciales para contrarrestar emociones negativas

Diversos autores[17] [18] [19] [20] han estudiado el efecto de los aceites esenciales sobre los estados emocionales y de qué manera estos podrían afectar esos estados no deseados, de forma natural. Se cree que ciertos aceites esenciales extraídos de diversas plantas, flores, frutas, etcétera, podrían contrarrestar emociones negativas, como por ejemplo:

---

17. A. Huete, *op. cit.*
18. E. Sanz Bascuñana, *op. cit.*
19. A. Depetri, A. Ponce de León y M. Rodríguez, *op. cit.*
20. C. Rojas, *op. cit.*

- Ansiedad: bergamota, enebro, lavanda, limón, manzanilla, melisa, azahar, petitgrain, rosa.

- Apatía: geranio, eucalipto, jengibre, lemongrass, lima, limón, mandarina, manzanilla, melisa, menta, naranja, petitgrain, romero, rosa, salvia, tomillo.

- Apego a desgracia pasadas: melisa, rosa.

- Indecisión: bergamota, cardamomo, jengibre, geranio, mandarina, menta, azahar, petitgrain, pomelo, romero, rosa, tomillo.

- Decepción: eucalipto, jengibre, azahar, rosa, salvia, tomillo.

- Depresión: bergamota, geranio, jazmín, lavanda, lemongrass, manzanilla, melisa, naranja, azahar, pomelo, rosa, salvia.

- Desánimo: bergamota, jengibre, limón, mandarina, melisa, naranja, azahar, rosa.

- Desesperación: limón, mandarina, melisa, menta, romero, tomillo.

- Emotividad: lavanda, azahar.

- Para fortalecer la autoconfianza: bergamota, jazmín, rosa.

- Impaciencia: eucalipto, jengibre, lavanda, limón, mandarina, melisa, naranja, azahar, romero, rosa.

- Miedo: mandarina, melisa, naranja, azahar, salvia.

- Negatividad: bergamota, jazmín, lemongrass, limón, salvia.

- Pena profunda: jazmín, lavanda, manzanilla, rosa.

- Soledad: rosa.

Los aceites esenciales deben ser incorporados con mucho cuidado. Algunos, como la lavanda, son extremadamente fuertes, y las proporciones en estos casos deben ser menores. Siempre debemos buscar la armonía en la infusión, ya sea la melodía dulce de notas frutales o la refrescante brisa de las flores blancas.

Muchos alumnos en los cursos me preguntan cuánta esencia deben usar. Para eso realizamos prácticas específicas con distintos tipos de té y esencias que entrenan el olfato y crean la destreza para calcular las proporciones, que varían con cada sabor y concentración.

Ⅲ▶ Cuidados para los aceites esenciales

Como vimos, los aceites esenciales son muy volátiles y frágiles, por lo tanto debemos almacenarlos en frascos oscuros, lejos de la luz natural o artificial. El envase debe estar bien cerrado, ya que las esencias se oxidan por exposición al aire, y debe ser de vidrio en lo posible para garantizar su asepsia.

Siempre se deben manipular con cuidado, utilizando ropa de trabajo protectora, como un delantal o bata de laboratorio. Algunas esencias pueden irritar la piel, por lo que en caso de contacto directo debe enjuagarse la piel inmediatamente con abundante agua.

Ⅲ▶ ¿Blends con esencias naturales o artificiales?

A la hora de decidir si vamos a utilizar ingredientes naturales o sintéticos, en particular saborizantes, es muy

importante analizar qué tipo de negocio vamos a implementar. Si nuestra marca o emprendimiento está orientada a las propiedades saludables del té, entonces mi recomendación es utilizar ingredientes naturales. Las esencias naturales son más caras, pero ofrecen en este sentido un beneficio extra, dado que sus principios activos actúan positivamente sobre nuestra salud y nuestro ánimo, por lo que podremos crear fórmulas orientadas a explotar esos beneficios. Si, en cambio, nuestro esquema de negocio es otro, si anhelamos tener un producto más masivo, apuntado a un público mayor, muy probablemente nos convenga utilizar saborizantes artificiales, dado que su costo es mucho más bajo y perduran más en el tiempo.

Entonces, retomamos nuestra pregunta inicial: ¿nos conviene utilizar saborizantes naturales o ingredientes sintéticos? El uso de cada uno tiene ventajas y desventajas. Por un lado, los blends con ingredientes naturales pueden perder su aroma en poco tiempo, por lo tanto requieren un almacenamiento y packaging muy especial y cuidado para conservar el aroma de forma eficaz. Los materiales utilizados para el envase deberán garantizar la no pérdida de aromas, por lo que tendremos que usar barreras seguras que protejan nuestro blend de la luz natural y artificial, de los olores, de la humedad… Además, los aceites esenciales son mucho más caros que los sintéticos, pero, como dijimos, tienen beneficios adicionales sobre la salud y el ánimo, característica que es apreciada por un interesante segmento de los consumidores.

Por otro lado, los blends con ingredientes sintetizados conservan su aroma por muchos años, por lo que no tienen requisitos especiales de almacenamiento y packaging, lo que permite invertir el esfuerzo económico en otros atributos del producto, o en mayor capacidad de producción. También son más económicos y seguros que los naturales, en el sentido de que son menos propensos a generar alergias en los consumidores.

Capítulo 6
Requisitos previos
al blending

■■ **FOREVER PINK** ■■

*Té negro con frutos rojos y muchas
flores.
Una explosión de color, romántica
y delicada que captura y expresa la
esencia de la mujer.*

*Maquillajes, bijou, tacos altos,
ejercicios y tomar siempre una
taza de té.*

⠿ Acondicionamiento del lugar

Antes de comenzar a blendear es necesario asegurar que el lugar que utilizaremos para hacerlo esté en perfectas condiciones. Si se está iniciando en el tea blending como hobby o de forma amateur, se puede destinar una habitación de la casa para esta tarea. Se debe asegurar que el lugar esté libre de olores de todo tipo y de agentes contaminantes. En este sentido, hay que tener especial cuidado con los elementos de limpieza, como desinfectantes y líquidos limpiadores, que podrían contaminar el ambiente con olores no deseados.

Se debe cuidar la higiene del espacio físico y nuestra higiene personal. Hombres y mujeres tienen que recogerse el cabello y tener siempre pulcras las manos y las uñas. Se debe quitar el esmalte de las uñas y mantenerlas en lo posible cortas. A continuación, discutiremos las buenas prácticas de manufactura, entre las que encontraremos más recomendaciones sobre la higiene personal.

Una vez controlada la higiene del lugar y personal, se debe disponer de todos los elementos necesarios para mezclar (o blendear), lo que en gastronomía se conoce como *mise en place*. Esta expresión en francés significa literalmente 'puesto en el lugar' y refleja la necesidad de tener todo listo antes de la preparación de cualquier comida o servicio. En el tea blending también es muy importante llevar a la mesa todos los utensilios necesarios para cortar, mezclar y medir, como veremos más adelante, una de las 10 Reglas de Oro del tea blending.

⫸ Equipamiento mínimo para el blending

Para iniciarse en el arte de mezclar, es necesario contar con pocas cosas. A medida que sea necesario producir cantidades mayores de blends, se deberá pensar en la posibilidad de incorporar cierta maquinaria.

Las grandes compañías de té utilizan máquinas complejas para mezclar los ingredientes, que tienen la capacidad de mezclar lotes de hasta varios cientos de kilos a la vez, e incluso pueden incorporar las esencias si la fórmula lo requiere.

En general, las máquinas profesionales están automatizadas y facilitan la aplicación de las fórmulas, indicando en sus pantallas las cantidades exactas que deben añadirse de cada ingrediente para cierto blend a realizar.

Estas empresas cuentan con operadores que separan y pesan los ingredientes que luego cargan dentro de la máquina. Las esencias líquidas se transportan a través de tubos conectados a la mezcladora, para incorporarlas a los demás ingredientes. En casos de máquinas más pequeñas, la incorporación de la esencia se hace de forma manual. Luego, la máquina mezcladora realiza el trabajo sola.

Dado que los grandes laboratorios usuarios de estos equipos me han solicitado reservar las imágenes que he tomado de su equipamiento en exclusiva para mis alumnos, no puedo compartirlas en este libro.

Todo el equipamiento utilizado para elaborar tea blends debe ser reservado únicamente para esta actividad. Esta es una lista básica para el inicio:

- Espacio físico para el blendeado
- Recipientes para blendear
- Recipientes de apoyo como platos y bandejas
- Medidas (para volumen, peso, etcétera)
- Balanza de precisión
- Pipeta (un instrumento de laboratorio que permite medir volúmenes de líquidos)
- Colador/Tamiz
- Cucharas para mezclar

- Elementos cortantes (tijeras, cuchillos, pinzas)
- Recipientes para mezclar
- Recipientes para el estacionamiento
- Envases para el almacenamiento
- Vestimenta:
  - Delantal
  - Gorro
  - Barbijo
  - Protectores para los ojos en caso de ser necesario

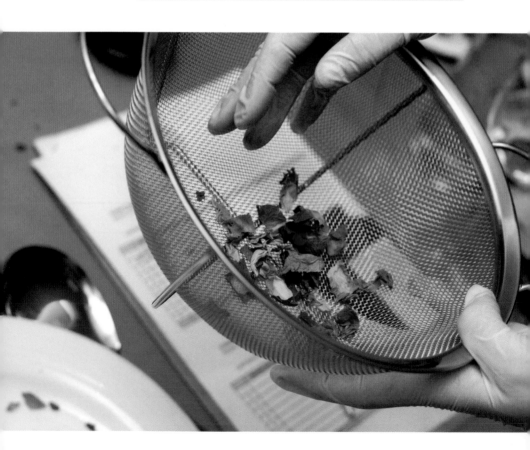

Buenas Prácticas de Manufactura

Los consumidores exigen cada vez más atributos de calidad en los productos que adquieren. La inocuidad de los alimentos es una característica esencial de su calidad, por lo cual existen normas que consideran formas de asegurarla. Las Buenas Prácticas de Manufactura (BPM) son una herramienta básica para la obtención de productos seguros para el consumo humano, que se centralizan en la higiene y forma de manipulación de los alimentos. Son útiles para el diseño y funcionamiento de los establecimientos, y para el desarrollo de procesos y productos relacionados con la alimentación. Contribuyen al aseguramiento de una producción de alimentos seguros, saludables e inocuos para el consumo humano. Son indispensables para la aplicación del Sistema HACCP (Análisis de Peligros y Puntos Críticos de Control) y de un programa de Gestión de Calidad Total (TQM) o aseguramiento de la calidad.

Incumbencias de las Buenas Prácticas de Manufactura

1. Las materias primas

La calidad de las materias primas no debe comprometer el desarrollo de las Buenas Prácticas. Si se sospecha que las materias primas son inadecuadas para el consumo, deben aislarse y rotularse claramente, para luego eliminarlas.

Las materias primas deben ser almacenadas en condiciones apropiadas que aseguren la protección contra contaminantes. El depósito debe estar alejado de los productos terminados, para impedir la contaminación cruzada. Además, deben tenerse en cuenta las condiciones óptimas de almacenamiento como temperatura, humedad, ventilación e iluminación.

El transporte debe prepararse especialmente teniendo en cuenta los mismos principios higiénico-sanitarios que se consideran para el establecimiento.

2. El establecimiento

Dentro de este rubro hay que tener en cuenta dos ejes, estructura e higiene.

La estructura

El establecimiento no tiene que estar ubicado en zonas que se inunden, que contengan olores objetables, humo, polvo, gases, luz y radiación que puedan afectar la calidad del producto que se elabora. En los edificios e instalaciones, las estructuras deben ser sanitariamente adecuadas, y el material no debe transmitir sustancias indeseables. Las aberturas deben impedir la entrada de animales domésticos, insectos, roedores y de contaminantes del medio ambiente como humo, polvo, vapor. Asimismo, deben existir tabiques o separaciones para impedir la contaminación cruzada, que consiste en evitar el contacto entre materias primas y productos ya elaborados. El espacio debe ser amplio y los trabajadores deben tener presente qué operación se realiza en cada sección, para impedir la contaminación cruzada. Además, debe tener un diseño que permita realizar eficazmente las operaciones de limpieza y desinfección.

El agua utilizada debe ser potable, ser provista a presión adecuada y a la temperatura necesaria. Asimismo, tiene que existir un desagüe adecuado.

Los equipos y los utensilios para la manipulación de alimentos deben ser de un material que no transmita sustancias tóxicas, olores, ni sabores. Las superficies de trabajo no deben tener hoyos, ni grietas. Se recomienda evitar el uso de maderas y de productos que puedan corroerse.

La pauta principal consiste en garantizar que las operaciones se realicen higiénicamente desde la llegada de la materia prima hasta obtener el producto terminado.

La higiene

Todos los utensilios, los equipos y los edificios deben mantenerse en buen estado higiénico, de conservación y de funcionamiento. Para la limpieza y la desinfección es necesario utilizar productos que no tengan olor, ya que pueden producir contaminaciones además de enmascarar otros olores. Para organizar estas tareas, es recomendable aplicar los POES (Procedimientos Operativos Estandarizados de Saneamiento) que describen qué, cómo, cuándo y dónde limpiar y desinfectar, así como los registros y advertencias que deben llevarse a cabo.

Las sustancias tóxicas (plaguicidas, solventes u otras sustancias que pueden representar un riesgo para la salud y una posible fuente de contaminación) deben estar rotuladas con un etiquetado bien visible y ser almacenadas en áreas exclusivas. Estas sustancias deben ser manipuladas solo por personas autorizadas.

3. El personal

Aunque todas las normas que se refieren al personal sean conocidas, es importante remarcarlas debido a que son indispensables para lograr las BPM.

Se aconseja que todas las personas que manipulen alimentos reciban capacitación sobre hábitos y manipulación higiénica de alimentos. Esta es responsabilidad de la empresa y debe ser adecuada y continua.

Debe controlarse el estado de salud y la aparición de posibles enfermedades contagiosas entre los manipuladores. Por esto, las personas que están en contacto con los alimentos deben someterse a exámenes médicos periódicamente.

Cualquier persona que perciba síntomas de enfermedad tiene que comunicarlo de inmediato, recibir evaluación médica y, de ser necesario, ser apartada del proceso de elaboración.

Ninguna persona que sufra una herida puede manipular alimentos o superficies en contacto con alimentos hasta su alta médica.

Es indispensable el lavado de manos de manera frecuente y minuciosa con un agente de limpieza autorizado, con agua potable y con cepillo. Debe realizarse antes de iniciar el trabajo, inmediatamente después de haber hecho uso de los retretes, después de haber manipulado material contaminado y todas las veces que las manos se vuelvan un factor contaminante.

Todo el personal que esté de servicio en la zona de manipulación debe mantener la higiene personal, debe llevar ropa protectora, calzado adecuado, cubrecabeza y barbijo. Todos estos elementos deben ser lavables o descartables.

No se debe trabajar con anillos, colgantes, relojes y pulseras durante la manipulación de materias primas y alimentos.

La higiene también involucra conductas que puedan dar lugar a la contaminación, tales como comer, fumar, uso del teléfono celular u otras prácticas antihigiénicas.

Se recomienda guardar la ropa en un lugar especial separado de la zona de producción para evitar contaminación.

4. La higiene en la elaboración

Durante la elaboración de un alimento, hay que tener en cuenta varios aspectos para lograr una higiene correcta y un alimento de calidad.

Las materias primas utilizadas no deben contener parásitos, microorganismos o sustancias tóxicas, descompuestas o extrañas. Todas las materias primas deben ser inspeccionadas antes de utilizarlas, en caso necesario debe realizarse un ensayo de laboratorio. Y como se mencionó anteriormente, deben almacenarse en lugares que mantengan las condiciones que eviten su deterioro o contaminación.

Debe prevenirse la contaminación cruzada. Los manipuladores deben lavarse las manos cuando puedan provocar alguna contaminación. Y si se sospecha de un caso, debe aislarse el producto en cuestión y lavar adecuadamente todos los equipos y los utensilios que hayan tomado contacto con él.

El agua utilizada debe ser potable.

La elaboración o el procesado deben ser llevados a cabo por empleados capacitados y supervisados por personal técnico. Todos los procesos deben realizarse sin demoras ni contaminaciones. Los recipientes deben tratarse adecuadamente para evitar su contaminación y deben respetarse los métodos de conservación.

El material destinado al envasado y empaque debe estar libre de contaminantes y no debe permitir la migración de sustancias tóxicas. Debe inspeccionarse siempre con el objetivo de tener la seguridad de que se encuentra en buen estado. En la zona de envasado solo deben permanecer los envases o recipientes necesarios.

Deben mantenerse documentos y registros de los procesos de elaboración, producción y distribución, y conservarlos durante un período superior a la duración mínima del alimento.

5. El almacenamiento y transporte

Las materias primas y el producto final deben almacenarse y transportarse en condiciones óptimas para impedir la contaminación y/o la proliferación de microorganismos. De esta manera, también se los protege de la alteración y de posibles daños del recipiente. Durante el almacenamiento debe realizarse una inspección periódica de productos terminados. Y no deben dejarse en un mismo lugar los alimentos terminados con las materias primas.

Los vehículos de transporte deben recibir un tratamiento higiénico similar al que se dé al establecimiento.

6. El control de procesos en la producción

Para tener un resultado óptimo en las BPM son necesarios ciertos controles que aseguren el cumplimiento de los procedimientos y los criterios para lograr la calidad esperada, garantizar la inocuidad y la genuinidad de los alimentos.

Los controles sirven para detectar la presencia de contaminantes físicos, químicos y/o microbiológicos. Para verificar que los controles se lleven a cabo correctamente, deben realizarse análisis que monitoreen si los parámetros indicadores de los procesos y productos reflejan su real estado. Se pueden hacer controles de residuos de pesticidas, utilizar un detector de metales y controlar tiempos y temperaturas, por ejemplo. Lo importante es que estos controles deben estar presentes y tener un responsable.

7. La documentación

La documentación es un aspecto básico, debido a que tiene el propósito de definir los procedimientos y los controles. Además, permite un fácil y rápido rastreo de productos ante la investigación de mercaderías defectuosas. El sistema de documentación deberá permitir diferenciar números de lotes, siguiendo la historia de los alimentos desde la utilización de insumos hasta el producto terminado, incluyendo el transporte y la distribución. En el capítulo 9 dedicaremos especial atención a la documentación específica para el blending.

Indicadores de calidad pre-blending

Existe una serie de indicadores o atributos que dan información acerca de la calidad o el estado de conservación del té y los ingredientes. Uno de ellos es el aroma de los elementos secos. Las hebras secas del té, las frutas, las flores, las especias deben tener un ataque en nariz fresco y vegetal (especiado en el caso de las especias), pero nunca deben tener olor rancio, a humedad, aromas metálicos o a tierra seca. Cualquiera de estos olores puede ser indicio de que algo anda mal con nuestro ingrediente y podría arruinar toda la mezcla.

Luego, buscaremos uniformidad de color de las hebras secas en el té y en los aditivos. Salvo contadas excepciones como el té blanco Pai Mutan que está compuesto por hojas de distinto color, o el Darjeeling, o el Oriental Beauty, en general los tés deben estar compuestos por hojas de color parejo, sin diferencias de tonos. Por ejemplo, no esperamos que un té verde Sencha tenga hojas negruzcas o que un té negro Ceylon posea hebras verdosas. En ese caso, nuestro té tiene un defecto generado por la mala selección de las hojas, por problemas durante la elaboración o por contaminación de las hebras después de elaborado. Y nun-

ca obtendremos un blend virtuoso si partimos de materia prima con defectos. Del mismo modo, sugiero verificar que las especias, las frutas y las flores posean tonalidades uniformes y desechar las partidas en las que haya individuos de color no esperado.

Otro aspecto importante a cuidar es la granulometría de los ingredientes, esto es, el tamaño y forma de las partículas. Los ingredientes secos (tanto el té como los aditivos) deberán presentar una granulometría uniforme. Esto es garantía de que toda la extensión de la mezcla tenga un perfil sensorial único, que se mezclen bien los ingredientes y que se logre la óptima infusión de cada elemento. Se debe considerar el tamaño de la hoja de té para la selección de otros ingredientes, ya que de haber grandes diferencias podrían no integrarse, y la mezcla jamás será consistente.

Antes de comenzar a mezclar, se deberá controlar la calidad del licor (el líquido obtenido una vez infusionada una hierba, fruta o especia), que se genera infusionando cada uno de los ingredientes por separado. Esto ayudará a no desperdiciar materiales, dado el caso de que un elemento genere un licor turbio o con elementos en suspensión. Siempre buscamos que nuestro té en la taza posea una buena transparencia, brillos, ausencia de elementos en superficie y en suspensión. Ausencia de polvo en el precipitado.

Capítulo 7
Técnicas
de blending

▓▓▓ **GUARDIÁN DE SUEÑOS** ▓▓▓

*Té verde con lemongrass, extracto
natural de limón y pétalos de caléndula.
Digestivo. Refrescante. Embriagador.*

Todo es posible si lo soñamos. Todo es posible si lo deseamos y lo buscamos con pasión. Cree en tus sueños y trabaja duro por ellos. Pronto se harán realidad.

La inspiración

Para crear un blend no tenemos que enfocarnos únicamente en los ingredientes con los que contamos para trabajar, es muy importante concentrarnos en las sensaciones que buscamos provocar, en los lugares que deseamos evocar o en los sentimientos que queremos despertar. El propósito es el inicio de nuestra creación, por eso hablamos de diseñar de un blend, de idearlo, de soñarlo...

Tenemos que buscar nuestra fuente de inspiración. Ella puede ser un amigo, la persona que amamos, una flor, un paisaje, un viaje o un momento vivido… Existen tantas fuentes de inspiración como uno quiera. Hay que cuidar que la inspiración guarde la línea con la imagen de marca que se desea dar.

"Nuestras mezclas de té expresan los valores originales de Mariage Frères: el apego a la naturaleza, la poesía, la mezcla de Oriente y Occidente y un matrimonio lúdico de contrastes", asegura Kitti Cha Sangmanee. "Mi inspiración proviene principalmente de estas fuentes: la comida, la pastelería y la gastronomía; la naturaleza y los viajes. La naturaleza es una vibrante fuente inagotable de inspiración. Cada producto cultivado con cuidado y respeto en su tierra tiene un sabor incomparable: hierbas, flores, brotes, frutas exóticas, etcétera. Ha habido una tendencia cada vez mayor de blends infundidos de un respeto por el medio ambiente. Creo que ayuda a los amantes del té a entrar en contacto de nuevo con la naturaleza".

Por supuesto que hay otros factores que pueden influir en la inspiración y en el mensaje que queremos transmitir. Una de las primeras cosas que vamos a analizar cuando comenzamos en el diseño de una carta de blends es cuál será nuestro público objetivo. Identificando el segmento del mercado al que vamos a dirigir nuestro trabajo, y conociendo a los consumidores, sus costumbres y qué es lo que aprecian, podremos satisfacer sus demandas. Per Sundmalm, que está continuamente en busca de nuevos y mejores blends para su cadena de tiendas Tea Shop, asegura: "Mi mejor inspiración es el contacto y la relación con el cliente que es esencial para nosotros: escuchar sus opiniones, gustos personales y sugerencias forma parte de nuestra inspiración para crear nuevos blends".

No es lo mismo hacer blends para una marca exclusiva, para la que probablemente comenzaremos a elaborar muy pequeñas cantidades con productos caros, que para una marca de consumo masivo o una marca popular que pretenda estar en la mesa de cada persona.

Jakob Linke, tea blender de Alveus, una de las compañías alemanas de mayor penetración en el mercado español y latino, en una reunión que tuvimos en Hamburgo me contaba que él, para comenzar a crear un blend, lo primero que hace es establecer el rango de precios en el

que estará el producto, para saber con qué materias primas puede manejarse.

Una vez que logramos identificar nuestro objetivo, tenemos que empezar a buscar en nuestra memoria sensorial e identificar los aromas y los gustos que provocarán esas sensaciones. Para eso es necesario conocer en profundidad cada ingrediente. Como siempre les digo a mis alumnos, hay que amigarse con los ingredientes con los que vamos a trabajar. Probar nuevas comidas, frutas, especias nos dará ideas para crear nuevos blends. Jeremy Sturgess, uno de los tea blenders que ha pasado más tiempo trabajando para Twinings (más de veintitrés años) me comentaba cómo encuentra inspiración: "Cuando estamos de viaje comprando té, me resulta una gran fuente de estímulo creativo degustar nuevos sabores en los alimentos y bebidas de todo el mundo".

Es necesario tener presente que para llegar a la inspiración hay que tener un camino recorrido: el camino del conocimiento. El estudio de los materiales, las técnicas, el descubrimiento de los secretos del tea blending a través de la experiencia permiten que a la ciencia la visite el hada de la fantasía, y de esta forma surja la inspiración. Hay que conocer en profundidad, íntimamente, cómo sabe cada té, qué forma tienen sus hojas, el color de sus hebras, el olor de su infusión. También debemos conocer cómo huele y cómo sabe cada uno de los ingredientes que vamos a usar en nuestro trabajo. Debemos probar qué gusto y qué aroma tienen las esencias, las especias, las hierbas, las flores y las frutas. A mis alumnos siempre les recomiendo que prueben cada uno de los ingredientes por separado. Luego, que hagan mezclas con las infusiones, y que prueben y prueben y prueben más allá de la imaginación. Amigarse con cada uno de los ingredientes es fundamental para tener un co-

nocimiento tan profundo que nuestra mente nos dicte los aromas y los sabores que deberíamos combinar para lograr la mezcla perfecta.

De la misma forma en que un músico crea una melodía o que un pintor pinta un cuadro, en el proceso creativo del tea blender, la composición depende tanto de su talento, su intuición y su creatividad como de su conocimiento y su experiencia práctica en la materia. Al fin y al cabo, crear un blend es como componer una canción o como pintar un hermoso retrato. Hace falta conocer la técnica para que venga la musa y nos inspire, pero como decía Pablo Picasso: "La musa existe, pero tiene que encontrarnos trabajando". La clave para convertirse en tea blender es practicar, practicar y practicar. Solo con la práctica los más profundos instintos comprenderán cómo huele la rosa de Pakistán, cómo sabe el té negro de Yunnan o si combina el jazmín con el jengibre. La práctica al fin y al cabo es la que formará esa conciencia "inconsciente" que llamamos experiencia, que le indicará el camino a nuestros sentidos. Edmond Roudnitska, en su obra *The art of perfumery*[1] afirma: "Cuando el compositor escribe una fórmula, su composición no se basa en la sensación, sino en el recuerdo de las sensaciones, en otras palabras, en abstracciones de abstracciones... nosotros trabajamos con estas formas abstractas haciendo un esfuerzo por evocarlas y combinarlas en el pensamiento".

⫸ Técnicas de mezclado

Según mi experiencia, creo que la mejor forma de incorporar los ingredientes al momento de integrarlos es la siguiente:

1. E. Roudnitska, *The art of perfumery*, Londres, Elsevier, 1991.

1) El té

2) Las hierbas

3) Las esencias

4) Las frutas

5) Las especias

6) Las flores

Esto no significa que se deban utilizar todos estos ingredientes en una mezcla, sino que es conveniente que se vayan incorporando en este orden.

Quizás ahora surja la pregunta: ¿hay un número máximo o uno mínimo de ingredientes a utilizar en un tea blend? La verdad es que cuando hay arte, conocimiento y buen gusto, se pueden lograr blends magníficos con apenas dos ingredientes, así como es posible obtener una armonía espectacular con veinte componentes distintos. Los dos extremos son los casos más difíciles de lograr, pero no es imposible. Estamos acostumbrados a ver en el mercado mezclas compuestas por infinidad de ingredientes, que hacen que todos los blends tengan prácticamente el mismo olor y sabor. No importa la cantidad de ingredientes que se usen en una mezcla, sino su calidad y proporción, y que hagan una mezcla armoniosa.

Para evitar hacer una colección de blends que sepan todos parecidos, una recomendación es buscar que cada blend tenga un perfil determinado. Siguiendo esta idea, será necesario buscar que el tea blend sea predominantemente frutal o especialmente floral, pero no una mezcla verborrágica de cosas que quizás por separado huelan y sepan bien, pero que juntas hacen una confusión sin sen-

tido. Si se agrega un ingrediente detrás del otro sin cuidar la armonía de la mezcla, solo se logrará despreciar el encanto de cada ingrediente. Se debe cuidar al seleccionar los ingredientes no solo su compatibilidad aromática, sino también la interacción con los demás y el resultado obtenido. Un blend debe tener una identidad.

Arnold Cooley[2] afirma: "Puede ser útil... advertir al principiante que no debe hacer mezclas promiscuas de diferentes aromas en un solo preparado, creyendo que al

---

2. A. Cooley, *Instructions and Cautions Respecting the selection and use of Perfumes, Cosmetic and other Toilet Articles*, Filadelfia, Lippincott, 1873.

juntar un mayor número de perfumes agradables, el aroma del compuesto resultante será mejor. Algunos olores, al igual que los sonidos musicales, armonizan al mezclarse y producen un olor compuesto que combina la fragancia de cada uno de sus componentes, y más pleno y rico o más casto y delicado que cualquiera de ellos por separado; mientras que otros parecen ser antagónicos o incompatibles y producen un efecto contrario".

Cuando comenzamos a tratar el tea blending en este libro, mencionamos la clasificación de las distintas mezclas en frutales, florales, especiadas, herbales, golosas y mezclas de distintos tés. Esto no significa que al momento de diseñar un blend haya que encajonarse en una de estas categorías sin la posibilidad de combinar ingredientes de muchas de ellas. De hecho, los blends más virtuosos suelen ser una inteligente selección de ingredientes de distinto perfil, combinados en determinadas proporciones. Estas mezclas sobresalen por la armonía en la composición, la riqueza de notas y su equilibrio en la nariz y en la boca. Cuando hablo de darles a los blends un perfil determinado, me refiero a que alguno de los componentes de la mezcla debe ser el característico, debe ser el que le dé la entidad al blend final, el que le dé su carácter. Así, un blend podrá ser categorizado como herbal, frutal, floral, etcétera, y no como una mezcla indefinible.

Un detalle muy importante es que las fórmulas deben calcularse en unidades equivalentes para cada uno de los ingredientes, por ejemplo: gramos. Parece obvio, pero ¿qué sucede cuando nos encontramos con ingredientes sólidos como el té o con especias (que se miden en gramos o kilogramos), pero también debemos mezclar ingredientes líquidos como esencias? Sabemos que los líquidos se miden en unidades volumétricas como centímetros cúbicos o litros. Las fórmulas siempre deben estar expresadas en porcentajes, pero para implementarlas en la práctica, tenemos que seleccionar una unidad de medida y solo una, y utilizarla para todos los ingredientes ya sean sólidos o líquidos. Mi consejo es que se usen gramos, ya que permiten manejar con facilidad tanto pequeñas como grandes cantidades, y dado que la mayoría de los ingredientes que se usarán son sólidos. ¿Pero qué pasa cuando queremos agregar un porcentaje de una esencia líquida? Las pipetas se usan para medir el volumen deseado de esencia, y suelen indicar las medidas en mililitros o centímetros cúbicos. Entonces… Existen dos formas de medir las esencias para sumarlas a la fórmula del blend:

1) Pesar las esencias

2) Medir el volumen y convertirlo en peso

El primer método es el más fácil e inmediato. Para pesar las esencias solo hay que "tarar" la balanza (colocar un envase sobre la balanza y ponerla en cero) y luego incorporar la esencia al envase. De esta forma tan simple logramos medir su peso. La esencia ya está lista para incorporarla a la mezcla.

¿Qué sucede con la segunda opción? ¿Por qué usaríamos ese método? Este segundo método nos permite lograr

una mayor precisión cuando las balanzas que tenemos disponibles no la aportan. La precisión es muy importante para reproducir blends exitosos de forma consistente en el tiempo.

Al disponer de una pipeta (dispositivo de vidrio, en forma de tubo, que permite aspirar un líquido en su interior para medir su volumen) podemos medir con mucha precisión pequeñas cantidades de esencias, que para realizar prototipos o muestras de nuevas fórmulas será lo que necesitaremos.

Para medir el volumen del líquido y convertirlo en peso es necesario conocer el volumen específico de cada sabor. El volumen específico de una esencia es el volumen ocupado por unidad de masa de un material. Es la inversa de la densidad. El volumen específico depende del grado de disolución que tiene cada esencia. La información específica deberá ser proporcionada por el fabricante del producto con el que se esté trabajando. El volumen específico de una esencia determinada puede modificarse según quién la elabore. Por eso, si se cambia la marca de la esencia (ya sea natural o artificial), deberían hacerse las pruebas necesarias y ajustar la fórmula del blend de ser necesario.

Volumen específico = volumen/masa [cm^3/gr] *Es la inversa de la densidad "ρ"*

Si nuestra pipeta mide volumen y la fórmula está en peso, debemos encontrar la manera de calcular el peso a partir del volumen. Conociendo el volumen específico de la esencia, podemos calcular el volumen necesario a partir del peso requerido por la fórmula. Veámoslo con un ejemplo:

*Necesito 20 gr de esencia de un v = **0,79 cm³/gr***

Significa que en 1 gramo de esencia hay 0,79 cm³

¡Regla de tres simple!

1 gr de esencia _____ 0,79 cm³

20 gr de esencia _____ X = 20 gr x 0,79 cm³/ 1 gr

= 15,8 cm³ de esencia

Otro ejemplo:

Quiero hacer 10 kg de un blend que lleva 5% de extracto de naranja.

5% de 10000 gramos = 500 gr

*Necesito 500 gr de esencia de un **v = 0,85 cm³/gr***

1 gr de esencia _____ 0,85 cm3

500 gr de esencia _____ X = 500 gr x 0,85 cm3/ 1gr

= 425 cm³ de esencia

Volumen específico de algunas esencias elaboradas por un fabricante francés:

Naranja		0,85
Limón		0,88
Verbena		0,85
Bergamota		0,88
Vainilla		0,99
Cacao		0,96
Frutilla		0,88
Cereza		0,93
Ananá		0,85
Durazno		0,86
Frutos rojos		0,91

⫸ Tipos de combinaciones

Como dijimos, los blends son mezclas de té con frutas, hierbas, especias, flores y esencias. Pero también un blend puede ser una combinación de distintos tipos de té sin ningún otro agregado.

Según el UK Tea Council[3] "aproximadamente el 90% del té que se bebe en Gran Bretaña se conoce como blend (mezcla) –el tipo de té que se puede comprar en la mayoría

3. www.tea.co.uk.

de supermercados y tiendas–. Son una mezcla de tés que contiene hasta treinta y cinco tés diferentes que se mantiene constante en calidad, carácter y sabor, a pesar de que algunos tés sean estacionales o escasos debido a las condiciones climáticas adversas en una u otra de las regiones de cultivo".

Desde los inicios del tea blending se ha mezclado, como indica la organización británica, para mantener un perfil sensorial constante en un té en el tiempo, refiriéndonos a "un té"

como esa mezcla de hasta treinta y cinco variedades diferentes. Un ejemplo de esto puede ser un té llamado Assam. Si no se especifica el nombre del jardín que lo produjo, en general puede tratarse de un blend de tés de Assam producidos por distintos jardines o fábricas. Si, en cambio, el nombre fuera, por ejemplo, Maud Assam, esto significaría que se trata de un té de Assam que no es una mezcla, sino que ha sido producido en Maud Tea Estate, en Assam, India.

También el tea blending se ha aplicado para generar mezclas especiales de tés de distintos orígenes. Un ejemplo clásico británico de este tipo de tés es el English Breakfast. Algunas personas creen que se trata de una variedad especial del té negro, dado que no se observan hojas de diferente tamaño o color, o agregados como flores o frutas. Sin embargo, se trata de un blend: una mezcla de tés negros de diferente origen. Por lo general, es una mezcla de tés negros de Assam, Ceylon, Kenya o Keemun. Algunas compañías de té tienen su propio English Breakfast de receta secreta, muchas veces emblemática de la marca. Como tea blenders también podemos crear un English Breakfast o un Russian Caravan con nuestro estilo o impronta personal, o incluso crear un blend totalmente nuevo formado por distintos tés de origen.

⫸ Mezclando distintos tipos de tés

Las diferentes variedades de té se pueden mezclar siempre que se tengan en cuenta estos importantes parámetros: el perfil sensorial y la granulometría de cada té, las notas "amigas" y los rangos de infusión de cada té. Para eso, se deberán evaluar y comparar en cada uno de los ingredientes los siguientes atributos:

- el cuerpo de cada té;

- la textura;

- la complejidad;

- la longitud;

- la astringencia;

- la pungencia;

- la intensidad de sabor y aroma;

- las notas características de cada variedad y las notas "amigas" que sean comunes a todas las variedades o que sean combinables entre ellas;

- el tamaño y forma de las hojas;

- la temperatura del agua requerida para la preparación;

- el tiempo de infusión recomendado para esa variedad.

Tea Blend

De todos estos parámetros, los más críticos, y que se deben evaluar cada vez que se estén diseñando nuevos blends, son los últimos: los rangos de infusión. La temperatura del agua y tiempo de infusión son los más importantes dado que, de no haber intersección entre los diferentes componentes de la mezcla, estaremos creando un blend imposible de integrar en la taza.

⦙⦙▶ Intersección de rangos de infusión

Al combinar los ingredientes es muy importante tener en cuenta los rangos de infusión de cada elemento. En particular cuando se mezclan diferentes variedades de té es imprescindible cuidar que no se generen rangos de infusión defectuosos o incompatibles. Un rango de infusión se vuelve defectuoso o incompatible cuando mezclamos ingredientes que infusionan a diferente temperatura o en diferente tiempo. Cuando esto sucede no será posible encontrar una intersección en la que ambos ingredientes desplieguen las mejores de sus virtudes, y se corre el riesgo de que surjan defectos o se desluzca el blend. Por ejemplo, para un té verde, 95 grados de temperatura representa un rango de infusión defectuoso, por lo que jamás se debería mezclar un té verde con otro té o con un ingrediente que necesite esa temperatura de infusión.

Existen combinaciones en las que parte de los rangos de infusión se intersectan, por ejemplo, mezclando un té verde con un té negro. En este caso, si se combinan estas variedades, se corre un gran riesgo de que las personas que preparen el té lo hagan de forma inadecuada, y lo echen a perder. Nuestra fama como tea blenders se puede ver afectada si esto sucede y al consumidor el blend no le resulte

de su agrado o lo encuentre defectuoso (debido a que lo ha preparado de forma incorrecta). Por supuesto, siempre se debe analizar cada caso en particular, porque como hemos visto en el mundo del té existen muchas excepciones. Pero como regla general, no recomiendo mezclar té verde con té negro, ya que muy fácilmente quienes beban esta mezcla de té lo pueden preparar o bien como un té negro (en ese caso quemarán el té verde en la mezcla y saldrá extremadamente amargo) o bien lo prepararán como un té verde (en este caso no disfrutarán del aporte del té negro que estará subinfusionado, o sea, no tendrá expresión en la taza o el blend será insulso).

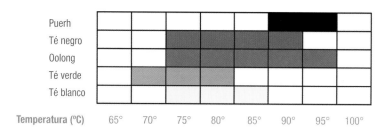

Gráfico de intersecciones de temperaturas de infusión

Aunque con los tiempos de infusión aplica el mismo concepto, como se observa en el gráfico siguiente, no hay muchas opciones de combinaciones. Sin embargo, un recurso que se puede utilizar es la información.

Supongamos que se encuentra una mezcla de té verde y blanco en la que los dos tés se lucen de maravilla con un tiempo de infusión, digamos, de 2 minutos. En este caso, ¿por qué privarse de realizar la mezcla si es sabido que preparándola en esas condiciones queda bien? Aquí lo que se necesita es asegurarse de que todas las personas que lo tomen sepan prepararlo correctamente. Si se realiza esta mezcla en casa para los seres queridos, solo hay que informarles su correcta forma de preparación o hacerlo uno mismo. Si se está lanzando al mercado un nuevo producto, es preciso asegurarse de aclarar muy bien en el envase su forma de preparación. Si se está dispuesto a correr el riesgo de que los clientes preparen mal el té, entonces no hay razón por qué hacerlo. Como dije, informando muy claramente en el envase cómo debe prepararse correctamente, este riesgo baja notablemente.

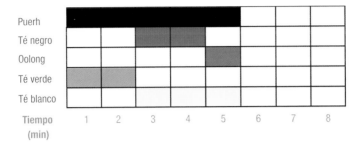

	1	2	3	4	5	6	7	8
Puerh	██	██	██	██	██			
Té negro			▓	▓				
Oolong					▓			
Té verde	▓	▓						
Té blanco								
Tiempo (min)	1	2	3	4	5	6	7	8

Gráfico de intersecciones de tiempos de infusión

Lamentablemente, en el mercado se ofrecen muchos blends formados por la mezcla de distintos tipos de té poco compatibles. El caso más común es encontrar mezclas de

té negro y verde, que, como hemos visto, suelen resultar en mezclas defectuosas. Es importante recordar que no se deben mezclar ingredientes de forma improvisada "a ver qué sale". Ese no es el camino del profesional. La experiencia y el conocimiento llevarán a encontrar las intersecciones virtuosas de los ingredientes.

Este mismo concepto se aplica a todos los ingredientes, no solamente al té. Si se mezclan especias con té, se debe asegurar que la mejor expresión de esa especia está dentro del rango de infusión de ese té, de lo contrario se estarán malgastando ingredientes o generando defectos en el blend.

Capítulo 8
Cuidados posteriores al blending

Un baño de espuma, flores en la casa, y una rica taza de té.

ⅢⅮ Estabilización de la mezcla

Una vez mezclados los ingredientes, es necesario estacionar el blend para que adquiera su carácter definitivo. Necesitamos que nuestra creación se estabilice. Como señalamos, un blend nunca tiene el mismo perfil sensorial el día en que lo elaboramos que cuando está completamente estabilizado.

Para asimilar el concepto de estabilización de la mezcla hay que comprometerse profundamente con el tea blending. Es un proceso que lleva tiempo, esfuerzo y mucha práctica, igual que sucede en cualquier especialización que requiere dedicación y paciencia.

El té tiene la fantástica propiedad de absorber aromas. Se ha usado desde hace años para quitar malos olores del ambiente, el olor a humedad dentro de los armarios o para quitar malos olores de las alfombras. Esta misma facilidad de absorber aromas la podemos usar a nuestro favor (de una forma positiva) para que el té adquiera las fragancias y perfumes de los ingredientes con los que lo mezclamos. Cada variedad de té tarda diferente tiempo en absorber estos aromas. También influyen mucho en este tiempo de estabilización la temperatura del ambiente y la humedad del lugar.

Mi recomendación es dejar el blend estacionando como mínimo durante una semana hasta un mes para la mayoría de las mezclas. En algunos casos particulares es necesario un mayor tiempo de estabilización que podría extenderse hasta tres meses. Solo alcanzada la estabilización total del blend podremos obtener un perfil sensorial consistente en el tiempo. Esto es, el sabor (compuesto por el aroma, el gusto y las sensaciones en boca) del té cambia con el tiempo. Las diferencias suceden de mayor manera en los primeros días del blendeado, y se aprecian cada vez con mayor sutileza a medida que pasa el tiempo. Por eso, es fundamental monitorear la estabilización de la mezcla antes del almacenamiento definitivo del blend.

Una vez estabilizado el blend es necesario envasar el té y almacenarlo en un lugar apropiado. Ya sea que se lo fraccione o se lo guarde a granel, el envase debe ser inocuo, debe aislar el blend de la luz y los olores, y se debe guardar en un lugar lejos de fuentes de temperatura.

⦚ Packaging

El packaging para nuestro producto es muy importante. Un adecuado packaging conservará en óptimas condiciones nuestro blend por más tiempo. Las hebras de té y muchos ingredientes, como las esencias naturales, se ven afectados por la luz, los olores externos, la humedad y la alta temperatura. Proteger el producto de estos factores permitirá conservarlo por más tiempo.

Al diseñar el packaging para nuestro blend, debemos considerar la necesidad real en función de los ingredientes utilizados. Hay ingredientes, como las esencias artificiales, que permanecen en la mezcla, y no requieren muchos cuidados para su embalaje, ya que persisten por más tiempo aunque el envase no sea completamente estanco. Otros, como los extractos naturales, son muy volátiles y precisan cuidados especiales para que no se pierdan en pocas semanas.

Por esto, de acuerdo con los ingredientes utilizados y la mezcla obtenida, el packaging deberá contar con un envase primario y secundario, o solo con uno.

Denominamos **envase primario** al packaging que está en contacto con el alimento. Y llamamos **envase secundario** al externo, que no está en contacto con el alimento.

El envase primario se suele utilizar para proteger el producto del contacto con materiales no aptos para alimentos, como la hojalata, y para evitar la pérdida de aroma y contaminación con olores externos. Un ejemplo de envase primario puede ser una bolsa de polipropileno.

El envase secundario se utiliza para dar una mayor protección al producto y para presentarlo. Por ejemplo, una lata que contiene la descripción del producto y la marca, además de presentarlo en una góndola y así diferenciarlo de otras marcas, de otros productos, ofrece una protección física extra, ya que evita la rotura de las hojas por golpes o apilamiento.

No se debe dejar el té en contacto con la hojalata. En el caso de decidir fraccionar un blend en latas sin envase primario, se debe asegurar de que el material, en su interior, tenga un baño de barniz sanitario –pintura epoxi (apta para alimentos)–. En el caso de la utilización de latas, recomiendo emplear un envase primario para la total protección del té, como una bolsa de polipropileno.

Cada vez que se seleccione un material para el packaging, se debe buscar que este sea inocuo, que aísle el producto de la luz, de los olores, de la temperatura. Además debe ser estanco, práctico e higiénico.

Otro concepto importante en torno al packaging es el de la barrera. La barrera puede ser de una o más capas, y esto dependerá exclusivamente de la composición y forma de fabricación del envase. Generalmente, se encuentran envases como bolsas, packs, pouches de una hasta cinco capas. Algunas de esas capas pueden ser de papel, polietileno, polipropileno, aluminio, etcétera.

Ya sea que se trate de un envase primario o secundario, los materiales más utilizados son:

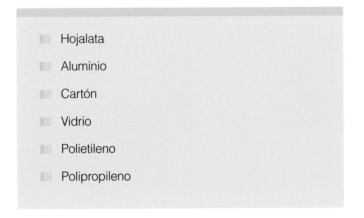

- Hojalata
- Aluminio
- Cartón
- Vidrio
- Polietileno
- Polipropileno

Existen distintos tipos de envases: frascos, latas, potes, *pillow bags* (bolsas "almohada" sin fuelle), bolsas con fuelle, *stand up pouches* (bolsas "de pie") y bolsas con cierre zip lock.

Mejora continua – Documentación

Para un buen tea blender no alcanza solamente con mezclar correctamente el té y los ingredientes y lograr sabores agradables, sino que se debe poder garantizar a los clientes, como mínimo, cierta constancia en las características del producto y su inocuidad. Por un lado, los consumidores que probaron un sabor y desean repetir, es-

peran que ese producto tenga características similares al que conocen. Digo similares porque siempre se encontrarán muy sutiles diferencias entre una partida de té y otra. Por eso se debe ser capaz de repetir las creaciones en el tiempo realizando los cambios que se crean convenientes en la fórmula. Por otro lado, si surgiera cualquier inconveniente en un producto (ya sea en el packaging, en el etiquetado o en el contenido) se deberá poder realizar una búsqueda hacia atrás e identificar todos los ingredientes que estén afectados por ese problema, ya sea para aplicar medidas correctivas o retirar el producto del mercado.

Como mínimo, se deberá contar con un sistema de documentación para el registro de fórmulas, uno dedicado a la trazabilidad de los ingredientes y el registro de productos etiquetados. Veamos más en detalle los requisitos mínimos para cada uno de ellos.

▦ Registro de fórmulas

La tabla 1, a continuación, muestra una forma muy simple de llevar el registro de las fórmulas de los blends. También permitirá el control de cada mezcla. Como dijimos en los capítulos anteriores, al momento de disponerse a blendear se deben utilizar unidades de medida como gramos, kilos, libras, etcétera. Más allá de la unidad que se elija para trabajar, las fórmulas deberán estar expresadas en porcentajes. De esta manera, cualquiera sea la unidad de medida que se utilice, se podrán fácilmente convertir las proporciones en peso o volumen.

En la primera columna se observan los distintos ingredientes disponibles para mezclar. Las columnas subsiguientes permiten registrar la fórmula de cada blend.

En la última fila se observa un control que se puede insertar usando una fórmula sencilla en cualquier planilla de cálculo. Este control simplemente debe arrojar un mensaje de error si el total de la suma de las proporciones de un sabor no es igual a 100%. Por lo tanto, en una fórmula en la que la suma de las partes no llegue al 100% o supere esa magnitud, arrojará un resultado como el que se ve en la columna correspondiente al Blend 2.

Ingrediente	Blend 1	Blend 2	Blend 3	...
Té 1		65%		
Té 2	50%			
Té 3			72%	
...				
Flor 1				
Flor 2		23%		
Flor 3				
...	26%			
Especia 1	10%		3%	
Especia 2	14%			
Especia 3			15%	
...				
Fruta 1		35%	10%	
Fruta 2				
Fruta 3				
...				
CONTROL	100%	**123%**	100%	0%

Tabla 1 - Planillas de fórmulas

⫿ Vencimiento y consumo preferente

Es importante conocer la diferencia entre la fecha de caducidad o vencimiento y la fecha o período de consumo preferente de un producto. Por un lado, la fecha de caducidad o vencimiento de un alimento es el día límite para su consumo seguro desde el punto de vista sanitario. Es utilizada en productos como los medicamentos, y es la fecha a partir de la cual el producto ya no es seguro para el consumo humano y debería ser desechado. Por otro lado, la fecha o período de consumo preferente es el día o el tiempo durante el cual los productos alimenticios conservan de forma adecuada sus atributos sensoriales u organolépticos como el aroma, el sabor, el color, etcétera. De ingerirse posteriormente a esa fecha o período recomendado no implica un riesgo para la salud del consumidor, lo que podría suceder es la alteración de alguna de sus características sensoriales sin que eso represente un riesgo para la salud humana. Este último es el criterio que utilizaremos para los tea blends.

Para asignar una fecha o período de consumo preferente es necesario tener en cuenta dos criterios:

1) el período de consumo preferente del blend (del producto terminado) deberá ser igual o inferior al menor período de consumo preferente de cada uno de los ingredientes.

2) el tea blender deberá definir la cantidad de tiempo dutante el cual cada sabor de su carta de blends conserva plenamente sus cualidades organolépticas. En otras palabras, podrá definir un período de consumo preferente inferior al que surja del punto anterior, si considera que es el tiempo durante el cual

231

su creación se expresa de la mejor forma. Esta decisión puede depender del tipo de ingredietes que se utilicen, por ejemplo, los blends con esencias naturales pierden su aroma en mucho menos tiempo que los que llevan esencias artificiales.

Conozco marcas de té que utilizan un período de consumo preferente de 6 meses y otras de 2 años.

Trazabilidad de los ingredientes

Puede suceder que alguna vez nos encontremos con que una mezcla que realizamos tenga algún defecto o alguno de sus ingredientes no esté en buen estado, por lo que es necesario que se pueda volver atrás e identificar los datos de fabricación del producto. Toda la información acerca de las materias primas utilizadas en el blend nos permitirá identificar los productos que estén defectuosos y retirarlos del mercado en caso de ser necesario.

Cada vez que se compre un insumo, es importante solicitar al proveedor la información sobre su origen, lote o partida y su fecha de consumo preferente. Recordemos que más allá de que nuestro proveedor asegure un período de consumo vigente, es tarea del tea blender evaluar la calidad de cada ingrediente previo a la mezcla para asegurar que se encuentra en condiciones adecuadas para su utilización.

Al momento de elaborar un blend, mi consejo es registrar los datos de cada uno de los ingredientes que lleve el sabor que se está preparando. De esta forma, se guardará un registro que permita tener una trazabilidad de los productos. Cuantos más datos se registren sobre los productos que se elaboran y las materias primas que se usan, más fácil será detectar partidas de té defectuosas y se ahorrará mucho trabajo.

En la tabla 2 vemos un ejemplo muy simple de cómo se puede comenzar a registrar la trazabilidad de los ingredientes. Todas las fechas de consumo preferente en este ejemplo son ilustrativas y no representan datos reales de ninguno de los insumos mencionados.

	Fecha de compra	Código de ingrediente	Detalle del ingrediente	Proveedor	Fecha de consumo preferente:
1	06-dic-13	102	Té verde Sencha	Proveedor 3	mar-15
2	06-dic-13	108	Té negro Assam FOP	Proveedor 3	abr-15
3	04-ene-14	344	Papaya	Proveedor 1	dic-14
4	17-ene-14	212	Pimienta roja	Proveedor 2	sep-15
5	17-ene-14	211	Pimienta negra	Proveedor 2	nov-15
6	22-ene-14	350	Jengibre	Proveedor 5	ene-16
7	02-feb-14	391	Cascarilla de cacao	Proveedor 5	ene-16
8	02-feb-14	381	Cáscara de naranja	Proveedor 1	oct-14
9	21-feb-14	381	Cáscara de naranja	Proveedor 4	ene-15

Tabla 2 - Compra de ingredientes

Lo primero es registrar cada compra de ingredientes que se realice. En las filas 1 y 2 se ve la compra de dos variedades de té y luego de distintos aditivos.

En la fila 3 se observa que compramos papaya al Proveedor 1 el día 4 de enero de 2014. Según la información que nos brindó este proveedor, este ingrediente debería ser consumido preferentemente antes de diciembre de 2014. Para cada ingrediente que se compra se debería generar una nueva entrada en la tabla de Compra de Ingredientes.

Luego, con cada uno de estos insumos elaboraremos nuestros blends. Esta tabla permite tener un registro de todas las materias primas compradas con sus respectivos detalles. Cuantos más detalles se registren, más será la información con la que se cuente en caso de presentarse un problema.

Pero al momento de elaborar un blend es necesario contar con una herramienta que nos permita registrar cuáles de esos insumos fueron utilizados en las diferentes partidas de cada blend. Para eso utilizaremos otra tabla, que llamo de Trazabilidad de los Ingredientes (ver tabla 3). Esta planilla permite registrar todos los ingredientes que se utilizan en cada mezcla (en cada sabor), relacionada con el registro de la compra de los ingredientes de la tabla 2 anterior.

Veámoslo con un ejemplo en la Tabla 3 - Trazabilidad de ingredientes (pag. 235).

Vamos a imaginar que hacemos nuevas partidas de tres sabores distintos: Blend 1, Blend 2 y Blend 3. Cada uno de estos blends tendrá un lote nuevo, que asignamos al momento de la producción. En nuestro ejemplo, al Blend 1 elaborado el 20 de febrero de 2014 le asignamos el lote AA1.

Imaginemos que comenzamos con la producción de nuestro té. Lo primero es disponer de todos los elementos necesarios: utensilios, ingredientes, herramientas. Buscamos la fórmula de nuestro blend y decidimos qué cantidad de producto elaboraremos. De esa decisión se desprende cuánta cantidad de cada ingrediente necesitamos para hacer el blend.

Supongamos que hoy es 20 de febrero de 2014, y nos disponemos a hacer el Blend 1. Vamos a recurrir a nuestra tabla 2 de Compra de Ingredientes y recuperar la información de cada uno de los aditivos que mezclaremos para hacer el producto. Como vemos en las filas 1, 2, 3 y 4 de la tabla 3, documentamos la fecha de producción, el nombre

#	Fecha de producción	Nombre del blend	Lote	Código de ingrediente	Detalle del ingrediente	Proveedor	Fecha de compra	Fecha de consumo preferente (ingrediente):	Fecha de consumo preferente (blend):
1	20-feb-14	Blend 1	AA1	344	Papaya	Proveedor 1	04-ene-14	dic-14	dic-14
2				211	Pimienta negra	Proveedor 2	17-ene-14	nov-15	
3				108	Té negro Assam FOP	Proveedor 3	06-dic-13	abr-15	
4				391	Cascarilla de cacao	Proveedor 5	02-feb-14	ene-16	
5	21-feb-14	Blend 3	AC4	344	Papaya	Proveedor 1	04-ene-14	dic-14	oct-14
6				212	Pimienta roja	Proveedor 2	17-ene-14	sep-15	
7				108	Té negro Assam FOP	Proveedor 3	06-dic-13	abr-15	
8				381	Cáscara de naranja	Proveedor 1	02-feb-14	oct-14	
9	22-feb-14	Blend 3	AC5	344	Papaya	Proveedor 1	04-ene-14	dic-14	dic-14
10				212	Pimienta roja	Proveedor 2	17-ene-14	sep-15	
11				108	Té negro Assam FOP	Proveedor 3	06-dic-13	abr-15	
12				381	Cáscara de naranja	Proveedor 4	21-feb-14	ene-15	
13	05-mar-14	Blend 2	AB7	350	Jengibre	Proveedor 5	22-ene-14	ene-16	dic-14
14				102	Té verde Sencha	Proveedor 3	06-dic-13	mar-15	
15				344	Papaya	Proveedor 1	04-ene-14	dic-14	

Tabla 3 - Trazabilidad de ingredientes

Cuidados posteriores al blending

del blend (que puede ser un nombre de fantasía), su número de lote y su fecha de consumo preferente.

El lote es un código que puede ser numérico, alfabético o contener signos, y que debe identificar unívocamente cada partida de blend que se produzca. Es importante diferenciarlo del código que podría tener un producto y que identifica una mezcla (una fórmula determinada) como podría ser un Earl Grey o un English Breakfast. El lote es un código que cambia cada vez que se elabora un producto de ese mismo sabor. Por eso recomiendo utilizar un código que contenga letras o números correlativos, para que se pueda hacer un seguimiento simple de cada blend. Es el momento entonces de determinar la fecha de consumo preferente del nuevo producto, que, como hemos visto, será igual o menor a la fecha más próxima de consumo preferente de cada uno de los ingredientes que conformen el blend.

En nuestro ejemplo, podemos ver en las filas de 1 a 4 los ingredientes que utilizamos para hacer el Blend 1. El ingrediente que posee fecha consumo preferente más cercana a la fecha de elaboración del producto es la papaya (diciembre de 2014), por lo tanto, en nuestro ejemplo, la fecha de consumo preferente de nuestro blend deberá ser como máximo la de la papaya.

Supongamos que al día siguiente deseamos hacer nuestro Blend 3. Queremos elaborar una determinada cantidad, pero al incorporar la suma en las fórmulas nos damos cuenta de que no nos alcanzan los ingredientes. La cáscara de naranja con la que contamos no es suficiente para elaborar la cantidad deseada de blend. Aquí lo que debemos hacer es elaborar la cantidad suficiente del blend según rindan los ingredientes disponibles, y realizar una compra del ingrediente que falta. Hasta ahora todo resulta obvio, pero algunos podrían pensar que es más fácil esperar a comprar la nueva materia prima, mezclarla con la anterior y así producir la cantidad total de blend que deseamos. Si esto ocurre, estaremos mezclando dos ingredientes que podrían tener distinta fecha de consumo preferente o incluso esto podría causar un defecto si en algunos de ellos surgiera un problema en el futuro. Mezclando los dos ingredientes no podremos saber con certeza cuál es el que originó el problema.

Continuando con nuestro ejemplo, en las filas 5, 6, 7 y 8 elaboramos una partida de Blend 3, a la que le asignamos el lote AC4. Al día siguiente (con más cáscara de naranja comprada) elaboramos una segunda partida del mismo blend, al que le asignamos el lote AC5. En la fila 9 de la tabla 2 podemos ver el registro de la compra de más cáscara de naranja.

Continuando en nuestro laboratorio imaginario, contamos con suficientes ingredientes como para hacer otro sabor, así es como elaboramos el Blend 2 con jengibre, té verde y papaya. La papaya que compramos al Proveedor 1 nos sirvió para preparar tres blends distintos, como lo muestran las filas 1, 5, 9 y 15.

Pero habíamos dicho que la trazabilidad es importante para poder volver atrás e identificar los datos de fabricación del producto. De esta forma, si surgiera algún problema con un blend, se podría identificar qué ingredientes se usaron, quién los vendió y retirar todos los productos relacionados de la venta, de ser necesario.

Continuando con nuestro ejemplo, supongamos que un cliente manifiesta un problema con el Blend 1. No vamos a discutir aquí el origen del problema, que pudo haberse producido tanto en nuestro laboratorio como en la casa del cliente, o incluso puede ser una interpretación errónea del cliente sobre la calidad del producto. Lo que importa es verificar si el problema realmente existe, y de ser así, evaluar si se trata de un caso aislado o de un problema extendido a un lote o a toda una línea de producción.

Si efectivamente hay un problema en el producto, se debe analizar cuál es el componente que provocó el deterioro de la mezcla, hasta individualizarlo. Supongamos que luego de un análisis se comprueba que en dicha muestra de Blend 1 hay un problema con la cascarilla de cacao; lo que se debe hacer a continuación es analizar otras muestras del mismo producto.

Con el código de lote que colocamos en el envase de los productos cada vez que se producen, se identifican distintas muestras de la misma producción y se analiza si el problema también está presente en otros individuos, o si se trata de un caso aislado. Si encontramos más muestras con el mismo defecto, deberemos considerar rastrear todos los productos elaborados con el ingrediente contaminado y retirarlos de la venta. En ese caso buscaremos en nuestra tabla 3 de Trazabilidad de los Ingredientes los casos en que fue utilizada la cascarilla de cacao, e identificaremos todos los blends en los que está presente. En nuestro ejemplo, solo un lote del Blend 1 está afectado por el problema. Pero ¿qué hubiera ocurrido si el ingrediente en mal estado hubiera sido la papaya que compramos al Proveedor 1? En ese caso, serían cuatro lotes de té los afectados: Blend 1, lote AA1; Blend 3, lotes AC4 y AC5; y el Blend 2, lote AB7.

Luego de esta práctica mental, ya estamos listos para comenzar a registrar los ingredientes y comprobar la utilidad de tenerlo todo documentado para tener trazabilidad de los productos.

⫸ Calidad e inocuidad

En el siguiente capítulo nos dedicaremos a definir la calidad. Por ahora, podemos considerar la calidad de un producto alimenticio como un conjunto de características que incluyen la satisfacción del consumidor, la producción en un ciclo de mejora continua y también el cumplimiento de determinados requisitos legales y comerciales.

En el caso que nos atañe (blends de té e infusiones) existe un ciclo de producción agroalimentario que podría sufrir fallas que llevaran a obtener un producto distinto del deseado por el consumidor o por la misma empresa que lo produce. Las fallas pueden ocurrir durante:

- la producción de las materias primas,

- el transporte de las materias primas,

- el almacenamiento,

- la elaboración del producto,

- el envasado,

- la venta,

- el empleo final.

Para el caso de los alimentos, las fallas más importantes son las relacionadas con la inocuidad, ya que pueden causar problemas de salud en los consumidores. Estas fallas pueden evitarse realizando controles que permitan prevenirlas.

Cuando hablamos de control, consideramos todas las acciones que apuntan a prevenir la ocurrencia de errores en el proceso de elaboración, desde la producción de materias primas hasta el consumo.

Al hablar de prevención, se hace referencia a los "riesgos" que se corren en toda cadena agroalimentaria. El riesgo es la probabilidad de que un agente contaminante, presente en un determinado alimento, cause daño a la salud humana. Los contaminantes pueden ser de origen físico, químico o microbiológico, y son identificados como peligros en las diferentes etapas.

El sistema de prevención de peligros para la inocuidad de alimentos sugerido por el Codex Alimentarius y aceptado internacionalmente como un parámetro de referencia es el denominado Análisis de Peligros y Puntos Críticos de Control (HACCP, sigla en inglés).

El sistema HACCP garantiza la inocuidad de los alimentos mediante la ejecución de una serie de acciones específicas.

Como primera medida, es necesario conformar el equipo HACCP que será el responsable de "modelar" la realidad (hacer un modelo del proceso) y diseñar el plan para la implementación de este sistema. Dicho equipo puede estar conformado por personal de la empresa o puede ser externo a ella, y debe ser un grupo interdisciplinario con conocimientos sobre la compañía y sus procesos de producción.

Entre sus funciones básicas se encuentran la descripción del producto, su forma de uso y las condiciones de distribución. El sistema HACCP considera 7 principios:

Primer principio

Identificar los posibles peligros asociados con la producción de alimentos en todas las fases, desde la producción primaria hasta el punto de venta. Evaluar la probabilidad de que se produzcan peligros e identificar las medidas preventivas para su control.

Segundo principio

Determinar las fases operacionales que se puedan controlar para eliminar peligros o reducir al mínimo la probabilidad de que se produzcan. Identificar Puntos Críticos de Control en el proceso.

Tercer principio

Establecer los límites críticos de cada uno de los Puntos Críticos de Control que aseguren que están bajo control.

Cuarto principio

Establecer un sistema de vigilancia para asegurar el control de los Puntos Críticos de Control mediante ensayos u observaciones programadas.

Quinto principio

Establecer las medidas correctivas que habrán de adoptarse cuando la vigilancia o el monitoreo indiquen que un determinado Punto Crítico de Control no está bajo control o que existe una desviación de un límite crítico establecido.

Sexto principio

Establecer procedimientos de verificación, incluidos ensayos y procedimientos complementarios, para comprobar que el sistema HACCP está trabajando adecuadamente.

Séptimo principio

Establecer un sistema de documentación sobre todos los procedimientos y los registros apropiados a los principios HACCP y a su aplicación.

En nuestro caso, según mi experiencia y dados los riesgos habituales inherentes a esta actividad, recomiendo una matriz simplificada de este sistema, que a pesar de ser reducida considera los conceptos más importantes del HACCP necesarios a la hora de producir infusiones seguras.

En cualquier caso, siempre se recomienda trabajar buscando el "estado del arte" en la materia, cumpliendo además con los requisitos legales vigentes correspondientes a cada país.

Ver tabla 4 - Controles HACCP.

Como podemos ver en este nuevo ejemplo, en la fila 1 de la tabla 4 se analiza el Punto Crítico "Recepción de la materia prima". En este punto de control pueden surgir diferentes riesgos, como lo muestran las filas 1, 2, 3 y 4 de la columna Peligros. Un peligro que se puede dar en la recepción de la materia prima, por ejemplo, puede ser el envío de pedido erróneo, esto es, los materiales que se reciben no coinciden con los que fueron ordenados al proveedor. Un control muy fácil de implementar en este sentido es una inspección visual de la orden de compra al momento de la recepción. Una vez evaluado el peligro, se establece si el

	Punto Crítico	Peligros	Control	Pasa / No Pasa	Observaciones
1		Envío de pedido erróneo - se enviaron materias primas que no eran las esperadas, por error.	Control visual de Orden de Compra.		
2	Recepción de la materia prima	Materia prima no inocua - se contaminó en la planta del proveedor.	Verificación de certificados.		
3		Materia prima no inocua - se contaminó en el transporte.	Control del estado del Packaging.		
4		Materia prima en mal estado - vieja, rancia, pungente, etc.	Cata del producto.		
5		Contaminación cruzada - por mal empaquetado o envasado.	Control de packaging de almacenamiento.		
6	Almacenamiento de la materia prima	Contaminación cruzada - por insecticidas o desinfectantes en el ambiente.	Control de agentes contaminantes.		
7		Contaminación cruzada - por otras materias primas de fuerte olor (menta, cardamomo, etc.)	Control de materias primas contaminantes.		
8		Deterioro anticipado - por malas condiciones de almacenamiento.	Control de condiciones físicas de almacenamiento.		
9	Descarga de materias primas para producción	...	...		
10	Producción	...	...		
11	Envasado	...	...		
12	Almacenamiento del producto terminado	...	...		

Tabla 4 - Controles HACCP

Cuidados posteriores al blending

producto pasa o no pasa el control (documentándolo en la columna "Pasa/No Pasa").

⦚ Etiquetado

Cada vez que se haga un prototipo de un nuevo blend, o se produzca un sabor del catálogo, es fundamental colocar una etiqueta en el envase (aunque no sea la definitiva) donde se indique la información básica sobre esa partida. Recomiendo registrar como mínimo el nombre del blend o sabor que se ha elaborado, la fórmula, la fecha de consumo preferente, el lote y la cantidad producida. También se puede agregar toda la información que sirva para la documentación de la partida, así como otros datos sobre el té o ingredientes, el origen o regiones productoras, la fecha de elaboración, el proveedor de los ingredientes, etcétera.

Nombre del blend: _____

Fórmula: _____

Consumir pref. antes de: _____

Lote: _____

Cantidad elaborada: _____

Capítulo 9
Las 10 Reglas de Oro del tea blending

El té inspira pasiones. Las pasiones crean momentos. Los momentos generan historias… Disfruta de tu té. Crea tu propia historia.

Como hemos visto, en el tea blending no hay demasiadas reglas estrictas, sino muchas variables que tienen que ver con los atributos del té, las técnicas aplicables, el arte y la creatividad. En todos estos años de mezclar y probar como tea blender, he encontrado distintas formas de llevar a cabo esta profesión de manera creativa. Pero como ingeniera, sentí la necesidad de darle un marco a una serie de lineamientos que describan los requisitos básicos que se deben tener en cuenta para diseñar tea blends. Por eso, basándome en mi experiencia he creado las 10 Reglas de Oro del tea blending, que comparto a continuación.

⬗ Las 10 Reglas de Oro del tea blending

1) Regla del Diseño

2) Regla del Nombre

3) Regla de la Armonía

4) Regla de la Primacía del Té

5) Regla de la Nobleza

6) Regla de la Planificación

7) Regla de la Uniformidad

8) Regla de la Integración

9) Regla de la Estabilización

10) Regla de la Mejora continua

Cada una de estas reglas contribuye al objetivo final de crear un blend virtuoso, bello, rico, tentador. Veamos cada regla en detalle.

1) Regla del Diseño

Que el blend tenga un propósito es uno de los mayores disparadores de la creatividad. Poco se puede esperar de alguien que mezcle porque sí o que lo haga pensando en los ingredientes únicamente. Cada blend debe ser creado con una inspiración, para alguna persona o público determinado o por alguna razón. Cada blend debe ser diseñado para contar una historia, o evocar un recuerdo, o bien transportarnos a un lugar determinado. Probablemente sea lo más difícil de determinar, pero es la esencia de nuestra futura creación. Una vez encontrado el propósito, nuestro blend ya existe, más allá de que logremos materializarlo. Si ocurre, como sucede algunas veces, que no conseguimos materializar el propósito en la mezcla, quizás ese blend quede destinado a otro momento en nuestra vida, en el que estemos abiertos a probar nuevas combinaciones que expresen lo que le dio origen a ese blend. Habrá entonces

que buscar otro propósito hasta lograr incorporarlo como quintaesencia con los ingredientes, y darle vida.

"Si lo sueñas, puedes realizarlo". Walt Disney.

2) Regla del Nombre

Dado que el nombre es la carta de presentación de nuestras creaciones ante el mundo, es importante que sea coherente con su diseño. Un buen nombre transmite en pocas palabras lo que se espera obtener de esa mezcla. Permite asociar la mezcla con las sensaciones provocadas al beberla. Algunas veces el nombre surge al comienzo del proceso creativo de un blend, otras no aparece, y debemos trabajar en él hasta encontrar el adecuado.

Pero también el nombre debe guardar coherencia con la marca de tés para el que fue creado. Debe estar relacionado con su estilo, su imagen, con el lenguaje que maneja y los valores que transmite.

3) Regla de la Armonía

La tercera regla de oro del tea blending es la de la armonía. En el proceso creativo de un blend, deberíamos concentrarnos primero en las reglas número 1 y número 2 y luego en su armonía. Cuando hablamos de darle un perfil al blend, nos referimos al hecho de incorporar ingredientes que desplieguen notas aromáticas claramente identificables en la mezcla. Esto podría estimular el intento de destacar ciertos ingredientes, que muchas veces podrían degenerar en aristas sensoriales que rompan el equilibrio del blend.

Es fundamental comprender que los tea blends deben conservar el equilibrio y a la vez destacar sus notas características. Hay una fina línea que es preciso no pasar, entre

el abuso de un ingrediente y el hecho de destacar las notas características.

La armonía o equilibrio de un blend debe darse, además, en colores, forma, tamaño y distribución de los ingredientes, no solo en aroma, gusto y sensaciones en la boca.

4) Regla de la Primacía del Té

Un buen blend debe mantener el perfil del té base y realzar sus virtudes sin taparlo, sin ocultarlo.

Algunas veces nos encontramos con blends que tienen una proporción de aditivos tan grande que hace que

se pierda el alma del té base y solo sea posible percibir los agregados. En este sentido, debo advertir acerca del uso de ciertos saborizantes que pueden ser extremadamente fuertes, en este caso deben ser utilizados de forma medida, cuidando que no tapen el té base.

Es muy fácil caer en el error de elaborar un blend en el que solo se pueda distinguir un aditivo, pero con la práctica se debe buscar que el té logre el protagonismo. El objetivo es no enmascarar el sabor del té en un blend, sino que a través del blending deseamos realzarlo y complejizarlo. Queremos mejorarlo.

Lamentablemente, no existen fórmulas establecidas acerca de la proporción de té y la de agregados que debe tener un blend. Dada la enorme variedad de personalidades que pueden tener los tés, y la diversidad de intensidad de los ingredientes, será necesario estudiar cada caso en particular. Tampoco existe un número límite de ingredientes que se deban agregar al té. Podrían ser tres, cuatro o quince, siempre que respeten el té base y las anteriores reglas que hemos visto.

5) Regla de la Nobleza

Se debe realizar una selección y preparación de los ingredientes descartando tés defectuosos, saborizantes de mala calidad, frutas o aditivos rancios o que tengan un período de vida útil demasiado corto.

Algunos ingredientes tienen distinta forma de conservación que el té. Por ejemplo, hay productos que se conservan bien en envases abiertos con circulación de aire, mientras que todos los tipos de té (salvo el dark tea) deben conservarse en envases herméticos evitando el ingreso de olores

u otros contaminantes presentes en el aire. La utilización de ingredientes que evolucionen de forma desfavorable con el tiempo, dará sin lugar a dudas blends defectuosos. Se deben seleccionar ingredientes nobles y que tengan una vida útil adecuada.

6) Regla de la Planificación

Antes de comenzar a mezclar hay que disponer de todos los elementos necesarios como utensilios, ingredientes, envases y herramientas. También es necesario organizar el trabajo y planificar el blending. Planificar es concebir un futuro deseado y los medios necesarios para conseguirlo. Algunas veces será necesario producir distintos blends en un día, con lo que se deberá disponer de diferentes materiales para cada mezcla. En este escenario, se deben tener en cuenta controles que eviten la contaminación cruzada y

el deterioro de los ingredientes en el lugar de producción, que es diferente del almacén o recinto de almacenamiento del producto a granel.

Se debe planificar con cuidado la sucesión de blends en el tiempo, ya que alguno podría tener aromas penetrantes que pueden contaminar el sabor que se vaya a elaborar luego. Por eso es imprescindible analizar qué ingredientes podrían afectar las sucesivas mezclas y, de ser necesario, programar la elaboración para otro día o establecer las medidas necesarias para mitigar el riesgo. Por ejemplo, en este caso podría ser una limpieza minuciosa de la sala de blending, el equipamiento, las herramientas y la posterior ventilación del lugar.

Cada detalle debe ser considerado previamente al blending. Durante la elaboración pueden surgir problemas si se detiene el proceso de forma inesperada. Por eso es necesario el planeamiento, no solo tener un plan. Los planes por sí solos no son nada. La planificación lo es todo. Debemos recordar que si algo tiene la posibilidad de salir mal, lo más probable es que así suceda, por lo tanto, planificar una sesión de blending es fundamental para reducir los riesgos, tanto en la seguridad del personal como en el aprovechamiento de las materias primas.

7) Regla de la Uniformidad

Para que un nuevo blend tenga un aspecto agradable y se luzca en la taza de forma uniforme, es preciso que cada ingrediente posea tamaño y forma pareja. Ciertos elementos necesitan preparación antes de incorporarlos a la mezcla, como, por ejemplo, la cáscara de naranja. Este ingrediente, tan utilizado en las mezclas de té, se puede adquirir deshidratado, entero o cortado en pequeños trozos.

Dependiendo de las herramientas de las que se disponga en el taller de blending o laboratorio, se deberá analizar la mejor manera de adquirir las materias primas.

En el caso de la compra de la naranja entera, esta opción puede resultar conveniente si en nuestra carta de tés contamos con varios sabores que utilizan la naranja como ingrediente, y necesitan distinta granulometría. Se podría dar el caso de utilizar la cáscara de naranja en una mezcla de té de hoja pequeña o enrollada para la cual será necesario cortar la naranja de forma muy pequeña. En este mismo ejemplo se podría necesitar este ingrediente para incorporarlo a una mezcla de tés de hoja abierta como un té blanco Pai Mutan o

un oolong Oriental Beauty, en donde el tamaño de la hoja es mucho mayor que la de un té enrollado o de hoja partida. En este caso, la cáscara de naranja debe cortarse en partes más grandes que para el otro sabor antes mencionado.

Pero la granulometría no se determina solo por el tamaño de las hojas del té, sino también por la forma de estas y de los demás ingredientes utilizados en esa mezcla.

La uniformidad en la granulometría de los ingredientes es importante en una mezcla para que el sabor de cada ingrediente se distribuya de forma homogénea en toda la extensión.

8) Regla de la Integración

Todos los componentes del blend deben integrarse armoniosamente en la mezcla. Esto significa que deben tener una distribución pareja en toda la extensión.

La integración depende de la forma, tamaño, peso y textura de las hojas del té, y los mismos atributos de los aditivos. Existen tés como el gunpowder, cuyas hojas están muy fuertemente apretadas en pequeñas bolitas que suelen ser sedosas, lo que dificulta la integración de muchas frutas, flores o hierbas.

La granulometría de los ingredientes también impacta en la integración de estos con el té. Frutas o flores de gran tamaño no se integrarán con tés de hoja muy pequeña. Tampoco ingredientes más chicos que las hojas del té serán fáciles de integrar, como puede ser el caso de los granos de pimienta con ciertos tipos de té de hoja abierta.

Todos los ingredientes deben integrarse y distribuirse de forma homogénea en la mezcla.

9) Regla de la Estabilización

El perfil sensorial de un blend cambia con el tiempo hasta que se estabiliza. Hay un período desde que se elabora hasta que logra su personalidad definitiva, en el que la mezcla se modifica continuamente, dada la propiedad del té de absorber aromas. Por eso es necesario que la composición se estacione por un tiempo. Un blend nunca tiene el mismo perfil sensorial el día en que se fabricó que cuando está completamente estabilizado.

Esta facilidad del té de absorber aromas es la que permite que adquiera las fragancias y perfumes de los ingredientes con los que ha sido combinado. Una vez que esto sucede, la mezcla estará estabilizada y conservará este perfil sensorial por mucho tiempo. Este será el carácter que tendrá el blend cuando llegue a las manos de cualquier persona que adquiera esa mezcla.

10) Regla de la Mejora continua

Esta es quizás la más importante de todas las reglas: mucha práctica, documentar el trabajo y humildad...

Práctica para ejecutar una y otra vez nuestras ideas e inspiraciones, disfrutando de cada intento y recordando siempre la fórmula del éxito de Albert Einstein: **E = 0,01 x I + 0,99 x T**

"El éxito es un 1% de inspiración y un 99% de transpiración".

Documentar el trabajo permitirá replicar fórmulas exitosas, cuando de manera contraria se perdería en el recuerdo un rico blend imposible de replicar.

Y humildad para evaluar los resultados (según las reglas del arte y escuchando a nuestros clientes), implementando las mejoras que sean necesarias para así empezar otra vez el ciclo.

La mejora continua debe surgir en el tea blender como su misma vocación.

Capítulo 10
Calidad. Identificación de defectos

REFUGIO DE SOL

Puerh con canela, cacao, cascaritas de naranja, caléndula y pétalos de rosas. Un rincón cálido y acogedor para refugiarse del frío y la tormenta.

Aunque todo sea ruido, tormenta o confusión, siempre habrá una taza de té a donde refugiarme.

ⅢⅢ⧫ La calidad

El té es un producto de la naturaleza, y así como las primaveras cambian (a veces son más cálidas, a veces son más frías) el té se ve modificado por los distintos parámetros que intervienen en el crecimiento de la planta y en su elaboración. La cantidad de lluvia o de sol, la composición del suelo, cómo y con qué intensidad soplan los vientos, la temperatura ambiente de la fábrica donde se elaboran las hebras y muchos factores más, hacen que el té cambie, incluso el que elabora un mismo productor en un jardín determinado. Lo mismo ocurre con los demás ingredientes de origen natural. Así, si compramos reiteradas veces el mismo insumo a un productor, digamos de India, aunque este ingrediente sea elaborado siempre por las mismas manos, con las mismas técnicas y en el mismo lugar, probablemente tendrá variaciones en su aspecto sensorial (a veces más notorias que otras) de cosecha en cosecha, de lote en lote.

Es muy importante tener esto en cuenta cada vez que nos dispongamos a blendear. Antes de cada sesión de laboratorio se deberían catar muestras de los distintos ingredientes a utilizar para detectar variaciones en su aroma, sabor o color, y así poder ajustar las fórmulas del blend según la necesidad.

A través del blending no es posible convertir un té de mala calidad en uno de buena calidad, pero podremos me-

jorarlo. Jakob Linke, tea blender de la compañía alemana Alveus, dice: "No puedes hacer algo bueno de algo malo, pero puedes hacer que huela bien".

Para saber si un té (u otro ingrediente) es de buena o mala calidad, si está en buen o mal estado se debe conocer en profundidad cada variedad, lo que siempre llamo "amigarse" con los ingredientes. Se deben conocer tan íntimamente que de solo al pensar en ellos se recuerde su color, su forma, su aroma, su textura, su gusto... Recomiendo realizar muchas catas técnicas para lograr este conocimiento. Cualquiera puede hacerlo y no hace falta tener ningún olfato privilegiado para ser un buen catador de té. Sólo hay que poseer el conocimiento y tener perseverancia en la práctica. Así se descubrirá cada detalle de cada ingrediente, hasta la última nota. Quienes hayan leído mi primer libro, el *Manual del sommelier de té*, pueden usar como referencia las notas de cata que presento en él, pero es necesario recordar que otros tés de la misma región, pero de distintos jardines, o incluso dos lotes diferentes de un mismo té, podrían tener sutiles diferencias sensoriales, por lo que no sirve de mucho memorizar las notas de cata, sino tenerlas como referencia.

Esto nos recuerda un viejo concepto, en el que se entendía por calidad la obtención de los mismos valores para ciertos atributos a lo largo del tiempo. Esto es, en la fabricación de un producto era el objetivo obtenerlo siempre igual, con las mismas características. No importaba si ese producto satisfacía al cliente, pues el foco estaba puesto en el producto en sí y no en la percepción de las personas sobre ese producto. En el mundo del té este modelo de calidad se vio reflejado con el surgimiento del blending como técnica para garantizar un perfil sensorial homogéneo a lo largo del tiempo. Como dijimos antes, el té cambia de temporada en temporada, de partida en partida por lo que es prácticamente imposible garantizar que siempre sepa exactamente igual. Así es como aparecen los primeros blends: grandes cantidades de té de una región, producidas por diferentes productores, que, mezcladas, dan un único té con características particulares. Ese té, formado por la suma de las distintas partes, garantiza la homogeneidad sensorial en todo el conjunto en el tiempo. De esta manera, los bebedores de té perciben siempre el mismo aroma, el mismo sabor cada vez que toman ese té, en cualquier época del año.

Hoy el concepto de calidad ha evolucionado, y se orienta mucho más al consumidor. La definición de calidad que más me gusta es la del conjunto de propiedades implícitas o explícitas inherentes a una cosa que permiten apreciarla y compararla con otras de su especie y satisfacer las necesidades (implícitas o explícitas) de un cliente. De esta forma, por ejemplo, si se acerca un cliente que desea un blend de té negro, podremos ofrecer un producto que cumpla con esas características (propiedades explícitas), pero si el mismo cliente nos dice que quiere comprar un regalo para su amada, nos estará expresando propiedades implícitas que deberá cumplir nuestro producto. Deberá satisfacer el gusto de una mujer, deberá demostrar cuánto aprecio siente el cliente por ella o simbolizar cuán costoso resultó el regalo.

En la actualidad existe el concepto de calidad total (TQM - Total quality management) en donde la calidad pasa a ser un medio de superación constante. La búsqueda de la mejora continua. Kaoru Ishikawa define la calidad como "Filosofía, cultura, estrategia o estilo de gerencia de una empresa según la cual todas las personas en la misma, estudian, practican, participan y fomentan la mejora continua de la calidad". Creo que este es el concepto en el que debemos enfocarnos en cualquier cosa que hagamos, ya sea como gerentes de una gran empresa de té, como tea blenders en un laboratorio local o como amantes del té dispuestos a crear blends para deleite propio y de nuestra familia. Calidad no es hacer las cosas siempre igual, sino hacerlas cada vez mejor.

"Quizás la razón por la que tantas personas están satisfechas con nuestros automóviles es que nosotros no lo estamos". Honda.

¿A qué nos referimos entonces cuando decimos que un té es de calidad o no? ¿Cuáles son los atributos que definen la calidad del té? Uno de los más importantes es el gusto personal del consumidor. Si un té resulta rico, probablemente sea fácil de vender. Pero si al producto le agregamos valor, como, por ejemplo, un packaging que se asocie a un determinado nivel económico, o una marca o nombre que se asocie a determinado nivel cultural o social, estaremos ofreciendo mucho más. Más allá del precio que podamos

asignar, el producto tendrá, para cierto cliente, un valor determinado. ¿Cuál es la diferencia entre precio y valor? Recuerdo que en el colegio una profesora me lo enseñó con un ejemplo muy claro. "¿Cuál es el precio del pañuelo de seda que usaba tu abuelo? Quizás sea de unos pocos dólares. ¿Pero cuál es el valor que tiene ese pañuelo para ti? ¿Acaso no vale millones?". El precio de un producto es la cantidad de dinero que se paga por él. En cambio, el valor de una cosa está ligado a la posibilidad de cubrir una necesidad (material o afectiva). El valor es la estimación que hace el consumidor de la capacidad total del producto para satisfacer necesidades de cualquier tipo. Esto hace que el valor de una cosa sea muy subjetivo.

Pero existen ciertos atributos o características que podemos analizar de forma objetiva para evaluar un té y compararlo con otros de su categoría. Así, podremos determinar qué blend es mejor que otro o si una mezcla tiene defectos. Es el tipo de evaluaciones que hacemos todos los años en el Tea Blending Championship, un campeonato en el que mis alumnos compiten por el premio al Mejor Tea Blend del año.

Los defectos en el té y demás ingredientes pueden surgir de una pobre calidad del suelo, de condiciones climáticas extremas (sequías, inundaciones) en la zona donde es producido o de errores cometidos en el almacenamiento o transporte. El blend (la mezcla de té con otros ingredientes) a su vez puede heredar los defectos del té de base, o de las especias, frutas, flores o esencias o puede adquirir defectos propios. Estos defectos propios de la mezcla pueden tener origen en errores o malas prácticas en el proceso de elaboración, adulteración de la materia prima, defectos en el packaging o uso de packaging inadecuado para el producto, o, como sucede en la mayoría de los casos, ser defectos en el diseño del blend.

⫸ Uso de la técnica de cata para evaluar la calidad del blend

En el tea blending usamos la técnica de cata y el análisis sensorial para identificar y describir el perfil sensorial de los ingredientes y de la mezcla. Esta técnica nos permite, por un lado, conocer en detalle las características organolépticas de cada ingrediente, para poder mezclarlo luego con los demás componentes de forma adecuada, según sus notas "amigas" o su combinación virtuosa. Por otro lado, es una técnica que posibilita evaluar distintos atributos y así detectar defectos antes y después de realizar la mezcla tanto en los ingredientes por separado como en el producto final.

Cuando realizamos una cata técnica, hacemos un análisis del sabor, para describir y medir parámetros de calidad como el aroma, el cuerpo, el color y la transparencia del licor, entre otros atributos. Consta de los siguientes pasos:

1) Identificar el tipo de té o ingrediente.

2) Examinar las hojas secas: análisis olfativo, visual y auditivo.

3) Preparar el licor.

4) Equilibrar el licor.

5) Examinar las hojas humectadas: análisis olfativo y visual.

6) Examinar el licor: análisis olfativo, visual y gustativo.

En la cata utilizamos un lenguaje específico, un universo de palabras que nos servirán para describir la infusión de la forma más objetiva posible. Este conjunto de términos usados para describir las notas aromáticas de los ingredientes es el diccionario de descriptores aromáticos.

Además de los descriptores (positivos y negativos según identifiquen notas virtuosas o aromas defectuosos), contamos con una terminología específica:

Sabor: el perfil sensorial formado por la suma de aromas identificados en nariz y boca, el gusto y la sensación táctil en boca.

Ataque: llamamos así al primer aroma que se siente.

Medio: el aroma que identificamos luego del ataque.

Terminación, aftertaste o dejo: el aroma final que identificamos.

Cuerpo: la viscosidad del líquido en boca. ¿Es liviano como el agua o muy viscoso como el aceite?

Textura: la sensación táctil del líquido en boca. ¿Tiene una textura fina y liviana como el agua o gruesa y untuosa como el terciopelo?

Astringencia: cuánto seca la boca.

Pungencia: sensación de picazón, irritación en la boca.

Complejidad: ¿es "complejo" ya que despliega un gran abanico de aromas o es simple o "plano"?

Longitud: la duración de los aromas en la boca. ¿Es corta o es larga?

A medida que avancemos en la cata técnica, evaluaremos diversos atributos. Dado que este tema excede el alcance de este libro, nos limitaremos a analizar solamente los atributos que brindan información específica acerca de la calidad.

Comenzando por el análisis olfativo de las hebras secas, estudiaremos el atributo *off-notes*. Este puede tomar uno de los siguientes valores:

▓ Presencia de *off-notes*

▓ Ausencia de *off-notes*

La presencia de *off-notes* indica que identificamos en el aroma de las hebras secas notas negativas o descriptores defectuosos. Estos son aromas no esperados y que, en general, indican que algo anda mal con nuestro producto. Son notas defectuosas, por ejemplo, olor a metal, tiza, polvo, tierra seca, plástico, desinfectantes, rancio, olor a humedad, etcétera.

Pasando al campo visual, el atributo "Granulometría de las hojas" se estudia sobre las hebras secas y las hebras humectadas. Puede tomar uno de estos dos valores:

- Regular (pareja en todo el volumen analizado)

- Irregular

Una granulometría regular nos garantiza una correcta preparación de la infusión. En cambio, una granulometría irregular podría generar defectos en el sabor del licor. Si nuestro blend presenta parte de sus hojas rotas y parte de sus hojas enteras, ¿cuál será el tiempo de infusión que se sugerirá para su preparación? Si se elige recomendar prepararlo como si fuera un té completamente de hojas enteras, el tiempo de infusión será mayor que el que se recomendaría si fuera un té conformado enteramente por hojas partidas. El defecto en la infusión de un té compuesto por una mezcla de hojas rotas y hojas enteras radica en que será muy difícil (o imposible) encontrar el tiempo indicado para que cada hebra entregue lo mejor a la infusión. Si se decide prepararlo como un té de hoja entera, las hojas rotas se habrán pasado (generando un licor extremadamente amargo y astringente). Si se opta por prepararlo como si fuera todo de hojas partidas (aun observando que parte de sus hebras están enteras) se logará que las partículas más pequeñas infusionen, pero las hojas enteras no tendrán tiempo suficiente para hacerlo, y el licor será insulso o resultará demasiado diluido.

Granulometría regular   **Granulometría irregular**

Luego se realiza una valuación del color de las hebras secas. El color del té debe estar entre estas tonalidades:

- Amarillento
- Dorado
- Ámbar
- Cobre
- Amarronado
- Anaranjado
- Rojizo
- Rosado
- Negruzco
- Grisáceo
- Plateado
- Azulado
- Verdoso

Si las hebras secas del té llegaran a tener un color distinto de la lista de arriba, probablemente algo ande mal. No podemos esperar que las hebras secas del té tengan color violeta o turquesa.

En el campo visual podemos encontrar defectos, como por ejemplo:

▓ Hebras pegadas o con moho, signo de que el té está humedecido.

▓ Color inapropiado para un determinado tipo de té (por ejemplo, un Darjeeling First Flush que tenga hojas color marrón oscuro, en lugar de la típica mezcla de verde claro, marrón claro y plateado). O color inapropiado para otro ingrediente (por ejemplo, esperamos que la papaya tenga un color anaranjado, no negruzco o amarronado).

▓ Falta de uniformidad de color de las hebras secas en el té y en los aditivos. Quizás, macroscópicamente hablando, el color de un ingrediente es el adecuado, pero si analizamos cada pieza individualmente y detectamos diferencias parciales de color, podría ser indicio de un defecto (por ejemplo, pétalos de rosas con bordes ennegrecidos).

Un buen blend (o un buen ingrediente base) debe tener armonía de colores, forma y tamaño de los ingredientes.

Luego hacemos un análisis auditivo para comprobar la crujencia de las hojas del té o de los demás ingredientes. En esta instancia, se deben apretar las hebras con la mano y evaluar el ruido de las hojas al partirse. El atributo "ruido de las hojas al partirse" puede tomar uno de estos dos valores:

- Crujiente

- No crujiente

Si las hojas tienen un ruido crujiente, significa que seguramente están en perfecto estado de conservación. Si, en cambio, no hacen ruido crujiente, podría significar que nuestro té está humedecido, y deberemos desecharlo.

Luego de examinar las demás características de las hebras secas y humectadas, pasamos a examinar el licor.

De todos los atributos de calidad de un blend, uno de los más críticos se evalúa en el licor, es decir, en el líquido obtenido de la infusión de la mezcla. En este sentido, el blend debe desplegar brillos en la taza, dar un licor traslúcido y limpio (sin turbidez ni materia en suspensión, sin presencia de elementos extraños en el precipitado, sin materias grasas en la superficie). Si una infusión da un licor sin brillo o posee elementos en suspensión o en el precipitado, probablemente se trate de una mezcla defectuosa, con contadas excepciones.

Mediante un análisis visual evaluamos la transparencia del licor. Al atributo "transparencia" le asignaremos uno de dos valores:

- Transparente (como el agua)

- Turbio (como un té verde japonés o como un té negro con una cucharada de té de leche descremada en polvo)

Un buen blend (o un ingrediente sin blendear, en perfectas condiciones) debe dar un licor traslúcido, de tonalidades suaves o intensas, pero nunca saliendo de los colores del té. Debe mostrar brillos en la taza, debe tener ausencia de elementos en superficie y en suspensión, y ausencia de tierra, piedras o cualquier otro elemento extraño en el precipitado. No deseamos encontrar aceite o grasa en la superficie del licor, dado que estaríamos en presencia de un licor defectuoso.

Es importante mencionar que algunas variedades de tés, como los verdes japoneses, presentan una leve turbidez en su licor, lo que es totalmente esperado y normal de la variedad. Una vez más, el conocimiento de las materias primas como el té permitirá diferenciar un producto en mal estado de uno en perfectas condiciones.

▥ Defectos comunes en los blends

Si se analiza un blend (o se analiza cada ingrediente antes de mezclarlos) y se encuentran algunas de las siguientes características, es recomendable deshacerse de él y pensar en comprar material nuevo. Estos son algunos de los defectos más comunes que se pueden identificar a través de la cata técnica:

- Aroma rancio, a humedad u otra nota defectuosa (exceptuando los dark teas como el Puerh que podría tener ciertas notas del estilo).

- Humedad (si las hojas están pegadas unas a otras, con telilla u hongos).

- Licor de color extraño (fuera de los normales para el ingrediente), por ejemplo, no esperamos un té color turquesa o fucsia.

- Licor de tonos grisáceos, signo de té quemado, sobremanipulado o viejo.

- Licor de color opaco, con elementos en suspensión o turbio (con excepción de algunos tés verdes japoneses que pueden tener partículas en suspensión).

▥ Defectos de fabricación del té

El té es un producto que debe elaborarse con cuidado, ya que errores o descuidos durante su proceso de fabricación podrían dar lugar a defectos en su aspecto sensorial. Veamos algunos de los defectos que se pueden dar durante los procesos de elaboración del té:

Falta de selección en la cosecha: si no se realiza una selección de hojas en la primera etapa del proceso de elaboración del té, el producto resultante podría contener palos, tallos, hojas viejas, hojas espurias, piedras, semillas y hasta insectos.

Hojas dañadas en la recolección: si no se realiza la cosecha de forma cuidadosa, las hojas podrían golpearse, marcarse o dañarse provocando una oxidación anticipada (fuera de la fábrica), y seguramente defectuosa para la mayoría de las variedades de té.

Té sobremarchitado: en el proceso de marchitado se extrae parte de la humedad de la hoja. Si se elimina demasiada humedad, el té podría tener dificultades en el enrollado. Y si se marchita durante demasiado tiempo, podría iniciarse la oxidación, lo que no es deseado en ciertos tipos de té, como en el caso del té verde. Los tés sobremarchitados son planos, secos, de cuerpo muy liviano.

Té submarchitado: se trata de un té con alto contenido de humedad. Resulta en un té áspero, sin brillo en la taza y con notas a pasto y heno.

Té suboxidado: en el proceso de oxidación, característico del té negro, compuestos antioxidantes como las catequinas, reaccionan con el oxígeno para dar lugar a otros compuestos llamados teaflavinas y tearubiginas. Si un té negro no está completamente oxidado (se han generado pocos teaflavinas y tearubiginas) el té obtenido no tendrá suficiente cuerpo, astringencia e intensidad de sabor.

Té sobreoxidado: en un té en el que se ha excedido en el proceso de oxidación podrían generarse demasiadas teaflavinas y tearubiginas y alterarse sus propiedades organolépticas. El té resultante tendrá un sabor extremadamente amargo, picante y astringente.

Té quemado: tiene intenso sabor tostado y amargo.

Té ahumado: posee intensas notas ahumadas o a cenizas (sin ser un té que pasó por el proceso de ahumado).

Té guisado: se dice así de un té que fue secado a temperaturas demasiado bajas, lo que resulta en un licor muy suave y con un sabor tostado y muy corto.

Té sobreseleccionado: la selección es un proceso que se aplica al final de la elaboración del té para separar las hebras en distintos grados dependiendo de la forma y tamaño de las hojas. Si a un té se lo somete a una extensa selección, se vuelve insulso, con falta de brillo por causa de las excesivas vibraciones.

Té mal envasado o transportado: cuando hablamos del packaging para el blend, mencionamos su importancia para la conservación. El envase debe ser adecuado para el almacenamiento, pero también para el transporte. Si no cumple con los requisitos necesarios, la mezcla puede sufrir una pérdida de frescura, aroma, brillo en la taza, incorporación de humedad y olores externos. Además puede sufrir rotura de las hojas. Se observan tés de granulometría irregular, contaminados o humedecidos.

⬛⬛ Detección de tés adulterados

Algunas veces, los defectos son provocados malintencionadamente para sacar provecho de una venta de forma deshonesta. Por eso, es muy importante contar con proveedores de confianza que ofrezcan productos de primera calidad y trabajen con honestidad.

En el mundo del té, históricamente se han introducido al mercado tés adulterados que podrían llegar a nuestras manos si no somos cuidadosos al hacer las compras. Aunque esto sucedía muy a menudo en el pasado, aún hoy se encuentran algunos casos de tés adulterados.

Se conocen varias formas de adulteración del té:

- ⬛ coloración de las hojas para mejorar el aspecto del té;

- ⬛ elaboración de hebras reconstituidas a partir de hojas viejas, usadas o de mala calidad;

- ⬛ mezcla con hojas viejas, usadas o de mala calidad para aumentar el volumen del té;

- ⬛ adición de hojas espurias;

- ⬛ incorporación de arena, tierra, piedritas o minerales como hierro y acero para aumentar el peso del té;

- ⬛ adición de harina u otros polvos blancos para hacer pasar un tipo de té por otro.

De estas formas de adulteración, una de las más comunes es la primera. Se hace una coloración de té de muy baja calidad para mejorar su aspecto, con materiales como el caolín, el yeso, la cúrcuma y el añil o índigo. Se usa principalmente para colorear tés verdes. La forma en que realizan este engaño es moliendo el colorante con una pequeña cantidad de yeso hasta obtener un polvo muy finito, y luego se lo agregan al té, cuando está finalizando su proceso de elaboración. Generalmente lo incorporan en los woks. Esto hace que las hojas del té luzcan más azuladas y opacas.

Cuando las cantidades de colorante empleado son pequeñas, se pueden detectar con microscopio o mediante una simple infusión, haciendo pasar el té por un filtro de tela o papel blanco. El colorante se desprende del té y se observa en el precipitado y en el filtro.

También existen los llamados "tés hechos", que son elaborados a partir de hojas viejas, usadas o de mala calidad, reconstituidas. Se utiliza una especie de pegamento para unir los pequeños trozos de hojas rotas y formar ho-

jas nuevas. Esta forma de adulteración es fácil de detectar rompiendo un puñado de hojas secas en la mano. También es fácil identificar este tipo de adulteración realizando la infusión.

Otra forma de adulteración conocida es la adición de hojas espurias (de otras plantas) como el ciruelo, el sauce o el fresno, que se identifican a través de un minucioso análisis visual de las hebras humectadas. Es importante destacar que los diferentes varietales de la *Camellia sinensis* poseen características físicas diferentes. Los varietales son nombres botánicos de distintas variedades de la planta *Camellia sinensis,* que derivaron de esta a través de los años. La palabra *cultivar* se utiliza como sinónimo de varietal.

En muchos países productores de té existen organismos aplicados a la investigación que se dedican al desarrollo de nuevos varietales para producir plantas de té con características especiales, como mayor rendimiento en la producción de hojas, mayor contenido de polifenoles (antioxidantes), resistencia al frío, transparencia del licor, etcétera.

Por ejemplo, en esta imagen se puede observar cómo distintos cultivares o varietales de la planta del té tienen diferente tamaño y color, y hasta su borde lanceolado algunas veces resulta más prominente que en otras.

Por lo general, los híbridos de la variedad assámica, o *Camellia sinensis assamica*, suelen ser de mayor tamaño que los de la variedad china, *Camellia sinensis sinensis.*

Aunque las hojas del ciruelo, del fresno y de algunas especies de sauce son parecidas a la hoja de la *Camellia sinensis* (la verdadera planta de té), es importante conocer sus características para distinguirla de las hojas espurias.

La hoja de la *Camellia sinensis* es lanceolada: su borde tiene forma de sierra bien regular hasta el tallo, y las venas que nacen del tallo central son casi paralelas y cambian de dirección llegando al borde de la hoja. Es necesario hidratar las hojas del té y desplegarlas sobre una superficie plana para poder analizar su aspecto. Las verdaderas hojas de té suelen ser de menor tamaño que las del ciruelo y del sauce, y de color verde claro, mientras que las hojas espurias son de color verde oscuro y de forma irregular.

| Camellia sinensis (té) | Ciruelo común | Fresno americano |

La más rara forma de adulteración del té, en la que se incorporan arena o minerales como hierro y acero para aumentar el peso, es mucho más fácil de identificar. Solo hay que moler unas pocas hebras secas y pasar por encima de ellas un imán. Si el té contenía algún agregado metálico, las partículas seguramente quedarán adheridas al imán.

La arena es fácilmente reconocible infusionando las hebras. Al utilizar un infusor de orificios grandes como los de porcelana (cuyos orificios pueden tener de 1 a 3 milímetros de diámetro) las partículas de arena, tierra o piedritas precipitan concentrándose en el fondo de la taza o tetera.

Otra forma de adulteración que he detectado muchas veces es la adición de harina u otros polvos blancos para hacer pasar un té que no es blanco, por esa variedad. Esta forma de engaño consiste en tomar un té verde de calidad baja o media y agregarle un material que hace que sus hojas secas se vean blancuzcas. De esta forma intentan venderlo como si fuera té blanco (más caro que un té verde) cuando no lo es.

Para todos los casos que vimos, una prueba sencilla pero determinante es colocar unas pocas hebras de té en una copa de vidrio transparente con agua fría y revolver durante unos minutos. Si el té es auténtico y no ha sido adulterado, el líquido va a estar apenas teñido y las hojas mantendrán su color casi igual que en las hebras secas. Si, en cambio, existe algún tipo de adulteración por coloración, al revolver el agua fría, esta va a teñirse de color verde o verde azulado y el líquido tendrá sabor amargo. Si nos encontramos frente a un falso té blanco, las hebras humedecidas con agua fría tomarán un color verde claro (típico de los tés verdes) diferente del color blancuzco anterior.

⯈ Defectos en el diseño del blend

Cuando iniciamos este capítulo mencioné el diseño del blend como uno de los principales orígenes de los defectos de una mezcla. Como tea blender se deben cuidar todos los detalles para que un nuevo blend sea una obra libre de defectos, además de ser una rica infusión.

En la etapa de diseño del blend, es decir, cuando se decide qué ingredientes se utilizarán, cómo se usarán, en qué proporciones y con qué finalidad, pueden surgir de-

fectos que se verán en la mezcla cuando el producto esté terminado. Algunos de ellos pueden ser:

- Falta de armonía de la infusión: un té con aristas, no equilibrado, con atributos demasiado acentuados que rompen el equilibrio de la infusión.

- Pérdida del té base: cuando este se ve invadido por los demás ingredientes.

- Uso de ingredientes en mal estado, humedecidos o que se ponen rancios en poco tiempo, que provocan defectos en el aroma (off-notes) y en el licor (precipitado, turbidez, etcétera) del blend.

- Granulometría irregular de los ingredientes.

- Uso de ingredientes que no se integran.

- Blends no estabilizados, con aceites en la superficie del licor o extrema pungencia o amargor debido a la falta de estacionamiento.

- Errores en los rangos de infusión o condiciones de preparación no intersectadas, generalmente hacen que algún ingrediente se desluzca, no infusione con el conjunto o aporte sabor amargo en exceso.

- Packaging inadecuado para los ingredientes que utilizamos en la mezcla. Por ejemplo, el uso de extractos naturales exige una mayor protección del blend para evitar la oxidación y evaporación de los aromas.

- Mal etiquetado del producto: no brindar información acerca de la correcta forma de preparación puede llevar al consumidor a obtener un blend defectuoso en la taza.

Siguiendo las 10 Reglas de Oro del tea blending es muy fácil evitar estos defectos, ya que, como hemos visto, el diseño, la planificación y, sobre todo, la pasión son los ingredientes más importantes de cualquier blend.

⫸ La hora de los nuevos blenders

En El Club del Té todos los años realizamos un campeonato de tea blending: el **Tea Blending Championship**. Se trata de una competencia en la que participan todos mis alumnos de los cursos de Tea Blending que dictamos en Buenos Aires, Madrid y Barcelona para estudiantes de distintos países del mundo. En esta competencia, un jurado formado por varios miembros (entre los que me encuentro)

evaluamos todos los blends que compiten y seleccionamos el mejor, teniendo en cuenta todos y cada uno de los detalles de diseño y elaboración que hemos visto en este libro y que detallamos en los cursos a través de las prácticas. Es realmente sorprendente cómo la pasión y la creatividad de mis alumnos, la mayoría emprendedores, y todos fieles amantes del té, hacen que evolucione su destreza en el tea blending día a día.

Cada año que pasa, cuando veo las obras maravillosas que realizan mis alumnos, me lleno de orgullo y satisfacción. Siento que mi misión está siendo cumplida. Cuando observo el entusiasmo y dedicación que ponen en el diseño y elaboración de sus productos, siento que, de verdad, no guardar esta experiencia para mí sola hace que el arte del blending cobre más vida y se proyecte en mis alumnos. Muchos de ellos tienen su propia marca de blends y sus productos están disponibles para la venta en distintos países del mundo.

Espero que tú, lector de este libro, te alimentes de mi experiencia, haciendo tu propio camino en el tea blending y, lo más importante, difundiendo el conocimiento logrado, para que las próximas generaciones puedan iniciar desde donde nosotros hemos llegado.

Victoria Bisogno

"Ganarse el respeto de las personas inteligentes y el cariño de los niños. Apreciar la belleza de la naturaleza y de todo lo que nos rodea. Buscar y fomentar lo mejor de los demás. Dar el regalo de ti mismo a otros sin pedir nada a cambio, porque es dando como recibimos. Haber cumplido una tarea, como salvar un alma perdida, curar a un niño enfermo, escribir un libro o arriesgar tu vida por un amigo. Haber celebrado con gran entusiasmo y alegría y cantado con exaltación. Tener esperanza incluso en tiempos de desesperación, porque mientras hay esperanza hay vida. Amar y ser amado. Ser entendido y entender. Saber que alguien ha sido un poco más feliz porque tú has vivido. Este es el significado del éxito".

Ralph Waldo Emerson

Anexo I.
Consejos
para preparar
correctamente el té

Ya sea en saquitos (bolsitas) o suelto en hebras, el té debe ser preparado de forma diferente según la variedad que se elija, siguiendo las instrucciones que describiré a continuación. Más aún si lo que se desea preparar es otra infusión.

Si bien el saquito es una forma rápida de obtener una infusión en general intensa, no es cierto que para preparar un té en hebras se requiera mucho más tiempo. Algunas personas tienen la creencia de que para preparar un té en hebras es necesario mucho más tiempo que para preparar

un té en saquitos. La realidad es que la bolsita cuenta con la ventaja de que viene lista para prepararse. No es necesario contar con infusor ni ningún otro dispositivo para realizar una rápida infusión. Sin embargo, para preparar este tipo de té correctamente es necesario medir la temperatura del agua y el tiempo de infusión igual que sucede en el caso del té en hebras.

La realidad es que una vez que tomamos la costumbre de beber el té en hebras, su preparación se vuelve simple e inmediata, casi tan rápida como preparar un saquito. En ambos casos es necesario calentar el agua; medir su temperatura; controlar el tiempo de infusión y finalmente separar las hebras del agua caliente. La diferencia reside en que el saquito se retira en su propia envoltura (la bolsita que lo cubre) y el té en hebras debe retirarse haciendo uso de un infusor o colador.

Como dice A. Huxley: "El hábito convierte placeres suntuosos en necesidades cotidianas". Una vez que descubrimos el placer de preparar el té en hebras, difícilmente se pueda volver a obtener la misma satisfacción de un saquito. Este último esconde las hebras tras su envoltura, mientras que la preparación del té suelto invita a un contacto directo con el producto, desde que empieza hasta que termina su preparación. Por eso la belleza de las hebras es tan importante. El disfrute del té se da desde que llegan las hebras sueltas (secas) a nuestras manos, las olemos, las observamos, hasta que les colocamos el agua caliente encima y podemos gozar de ver cómo las hojas se abren con el tiempo, y se va tiñendo el agua de color…

Vale la pena detenerse a disfrutar de la experiencia de tomar un buen té.

Al momento de preparar el té, nada puede faltar. Los utensilios son lo más importante después del agua y las hebras del té.

La preparación del té requiere destreza en el manejo de ciertos utensilios necesarios para la preparación, como la tetera, el infusor, el reloj, el termómetro...

El control de la temperatura del agua y del tiempo de infusión es la clave del resultado. El tiempo de infusión es el tiempo que permanecen las hebras del té en contacto con el agua.

Los siguientes son los utensilios necesarios:

▪ Tetera

▪ Tazas

▪ Infusor (instrumento parecido al colador, donde se colocan las hebras de té, y sirve para retirarlas una vez cumplido el tiempo de infusión)

▪ Reloj (para medir el tiempo de infusión)

▪ Termómetro (para medir la temperatura del agua)

▪ Agua a la temperatura justa para el tipo de té seleccionado

▪ Té

▪ Cuchara (medida de té) o una balanza de precisión para incorporar la medida justa de hebras al agua)

Cada tipo de utensilio presenta particularidades, y los hay de diferentes tamaños y materiales.

▥ La cantidad correcta de hebras

La medida correcta de hebras para preparar una taza es de entre 2,5 y 3 gramos, pero esto puede variar dependiendo del gusto personal de cada uno y del tipo de té que se prepare.

Cuando medimos la cantidad de té para preparar la infusión es muy importante recordar que cuanto más grande es la hoja seca del té, más volumen tiene y menos peso por volumen. Por lo tanto, para preparar un té de hoja grande usaremos más volumen de hebras secas que para preparar uno de hoja partida. La regla es que cuanto más pequeña sea la hoja, más intenso suele ser su sabor (con contadas excepciones) y, por lo tanto, necesitamos menos hojas y se puede usar una cucharita más pequeña.

Para preparar el té en una tetera, medimos una cucharita de té por cada taza (según la capacidad de la tetera). La cantidad de agua es tantas tazas como cantidad de personas.

⫸ Cómo preparar el mejor té

▥ Elegir el té especial para la ocasión.

▥ Disponer previamente de los utensilios necesarios:

- Tetera
- Infusor
- Reloj
- Termómetro
- Agua a la temperatura justa para el tipo de té seleccionado
- Té
- Medida, cucharita o balanza
- Tazas.

▥ Medir la cantidad de té necesaria.

▥ Templar la tetera. Volcar dentro de la tetera un chorro de agua caliente para que comience a calentarse, evitando pérdidas de calor en la infusión, y asegurando una correcta preparación del té. Dejar el agua unos minutos dentro de la tetera y desecharla.

▥ Medir la temperatura del agua antes de preparar el té. Si no es la correcta para su tipo de té, aguarde a que la temperatura llegue al nivel adecuado.

- Cuando la temperatura del agua es la correcta para su tipo de té, colocar las hebras de té, o el infusor con las hebras dentro, en la tetera y verter el agua encima.

- Dejar infusionar por el tiempo indicado para ese té.

- Cumplido el tiempo de infusión, quitar el infusor de la tetera y cerrar la tapa. Si colocamos las hebras sueltas en la tetera, es recomendable transvasar el licor para que no se supere el tiempo indicado de infusión.

- Servir el té en la taza y ¡disfrutar!

En el caso del té en saquitos, la preparación es la misma, pero se obvia el uso del infusor. También los tiempos de preparación de los tés en bolsitas son mucho más cortos que los utilizados en el té en hebras.

Reglas básicas de temperatura del agua y tiempo de infusión

Tanto la temperatura de preparación del té como el tiempo de infusión son importantes para decidir cómo combinar los ingredientes en un blend. Para cada flor, fruta o especia se deben realizar pruebas para determinar los mejores rangos de infusión de ese elemento, esto es, la temperatura y el tiempo al cual el ingrediente despliega sus mejores virtudes aromáticas, de sabor y cuerpo.

Es recomendable hacer pruebas de rangos de infusión de las especias enteras y molidas, de las frutas cortadas en distintas granulometrías y de las flores enteras y en pétalos para familiarizarse con la variación de estos factores con el tamaño de las partículas y la posibilidad de mezclarlos con determinados ingredientes.

Como regla general, y resaltando que siempre hay excepciones, el té se deberá preparar de esta forma:

▓ Tés blancos: 75 a 85°C - 3 a 5 minutos

▓ Tés verdes: 70 a 80°C - 1 a 2 minutos

▓ Tés azules (oolongs): 75 a 95°C - 5 minutos

▓ Tés rojos (negros): 75 a 90°C - 3 a 4 minutos

▓ Puerh (en hebras, cocido): 95°C - 5

Como para hacer blends no se van a utilizar tés comprimidos ni crudos, se desestima la forma de preparación de variedades como el Puerh crudo y el Hei Cha. Si resultara de interés profundizar sobre estas variedades, recomiendo consultar mi libro anterior *Manual del sommelier de té*.

Para la preparación de tés en saquitos (bolsitas), sugiero los mismos rangos de temperatura, pero tiempos de infusión mucho más cortos, en general entre 10 segundos y 1 minuto bastan.

Bibliografía

Alonso, J., *Tratado de fitofármacos y nutracéuticos*, Barcelona, Corpus, 2004.

Amalfi, F., *Todos los tés del mundo*, Barcelona, Océano, 2005.

Atlas ilustrado de las infusiones, Madrid, Susaeta Ediciones, 2008.

Avallone, R. y Zanoli, P., "Pharmacological profile of apigenin, a flavonoid isolated from matricaria chamomilla", *Biochemical Pharmacology*, vol. 59, 11, 2000.

Bedicheck, R., *The sense of smell*, Londres, Michael Joseph, 1960.

Benjamin, W., *Illuminations*, Nueva York, Schocken Books, 1985.

Bisogno, V. y Pettigrew, J., *Manual del sommelier de té*, Buenos Aires, Del Nuevo Extremo, 2013.

Bonifait, L. y Grenier, D., "Cranberry polyphenols: potential benefits for dental caries and periodontal disease", *JDCA*, 2010.

Boskabady, M.; Khatami, A.; et al., "Possible mechanism(s) for relaxant effects of foeniculum vulgare on guinea pig tracheal chains", *Pharmazie*, 2004.

Cesoniene, L. y Jasutiene, I., "Phenolics and anthocyanins in berries of european cranberry and their antimicrobial activity", *Medicina (Kaunas)*, 2009.

Cooley, A., *Instructions and cautions respecting the selection and use of perfumes, cosmetic and other toilet articles*, Filadelfia, Lippincott, 1873.

Coy Barrera, C. y Acosta, G., "Actividad antibacteriana y determinación de la composición química de los aceites esenciales de romero (rosmarinus officinalis), tomillo (thymus vulgaris) y cúrcuma (curcuma longa) de Colombia", *Revista Cubana de Plantas Medicinales*, 2013.

Depetri, A.; Ponce de León, A. y Rodríguez, M., *Aromaterapia. Las esencias del bienestar*, Barcelona, Editorial Sol 90, 2005.

Ellis, H., *Studies in the phisiology of sex: sexual selection in man*, Filadelfia, Davis, 1905.

Erickson, L., "Rooibos tea: new research documents antioxidant and anticancer properties", *First North American Serial Rights*, 2002.

Gisbert Calabuig, J., *Medicina legal y Toxicología*, 4ta ed., Barcelona, Masson Salvat Medicina, 2007.

Guh, J.; Ko, F.; Jong, T. y Teng, C., "Antiplatelet effect of gingerol isolated from zingiber officinale", *J. Pharm Pharmacol*, 1995.

Heck, C. y De Mejía, E., "Yerba mate ilex paraguariensis", *Journal of Food Science*, vol. 72, N° 9, 2007.

Hernández Aguirre, E.; Martínez, A.; et al., "Pharmacological evaluation of the anxiolytic and sedative effects of tilia americana I. Var. Mexicana in mice", *Journal of Ethnopharmacology*, vol. 109, 2007.

Hernández, A. M. y Prieto González, E., "Plantas que contienen polifenoles", *Revista Cubana de Investigación Biomedicinal*, 1999.

Hilton, G., *Infuse*, Londres, Origin Publishing Ltd., 2003.

Huete, A., *Aromaterapia. El poder curativo de las flores y plantas*, Barcelona, Océano, 2007.

Itkin, S., *Plantas de la Patagonia para la salud*, San Carlos de Bariloche, Caleuche, 2004.

Joubert, E. y Ferreira, D., Antioxidants of rooibos tea, a possible explanation for its health promoting properties?, *South African Journal of Food and Science Nutrition*, 1996.

Khan, A.; Safdar, M.; et al., "Cinnamon improves glucose and lipids of people with type 2 diabetes", Diabetes Care, 2003.

Lynch, Darren M., "Cranberry for prevention of urinary tract infections", *American Family Physician*, 2004.

Maecha, C., "Actividad antioxidante y antibacteriana de aceites esenciales", Facultad de Ciencias, Departamento de Bioquímica de Bogotá, 2010.

Moron Rodríguez, F. y Gutiérrez Jacome, G., "Plantas medicinales caribeñas con potencialidad de inhibir la agregación plaquetaria", *Revista Cubana de Plantas Medicinales*, vol. 12 N° 2, La Habana, 2007.

Murphy, L. y Jer-fu lee, T., "Ginseng, sex behavior, and nitric oxide", *Annals of the New York Academy of Sciences*, vol. 962, 2002.

Nocerino, E. y Amato, M., "The aphrodisiac and adaptogenic properties of ginseng", *Fitoterapia*, vol. 71, 2000.

Nogata, Y.; Yoza K.; Kusumoto, K.; Kohyama, N.; Sekiya, K. y Ohta H., "Screening for inhibitory activity of citrus fruit extracts against platelet cyclooxygenase and lipoxygenase", *Journal of Agricultural Food Chemistry*, 1996.

Ortega, V., "AnÁlisis cuantitativo de mentol en aceite esencial de menta", *Revista de Química*, vol. XII, 1998.

Paranagama, P.; Abeysekera, K.; et al., "Fungicidal and anti-aflatoxigenic effects of the essential oil of Cymbopogon citratus (DC.) Stapf. (lemongrass) against Aspergillus flavus Link. isolated from stored rice", *Letters in Applied Microbiology*, 2003.

Pérez de Alejo, J.; Miranda, R.; et al., "Acción estimulante del extracto fluido del Zingiber officinale Rosc. (Jengibre)", *Revista Cubana de Plantas Medicinales*, 1996.

Pingarrón Montes, M. T., "Aceite de rosa mosqueta cuidado de herida quirúrgica postparto". Presentación Congreso Nacional-Asturiano de Matronas, 2006.

Portilla Hernández, H.; González Sánchez, K.; et al., "Terapia natural para el tratamiento del asma bronquial", *Revista de Ciencias Médicas de La Habana*, 2012.

Rovesti, P., *In search of perfumes lost*, Venecia, Blow-up, 1980.

Rimmel, E., *El libro de los perfumes*, Madrid, 1990 (ed. original: Londres, 1860).

Rojas, C., *Aromaterapia: aceites y masajes para la cura del cuerpo y de la mente*, Madrid, Andrómeda, 2005.

Rosero, C. y Camacho, R., "Efecto relajante de las hojas de ocimum basilicum y foeniculum vulgare colombianas en íleon aislado de rata", *Universitas Médica*, 2009.

Roudnitska, E., *The art of perfumery*, Londres, Elsevier, 1991.

—, "The shapes of fragrances", Dragoco Report, 1976,

Safi, T., *Healthy teas*, Boston, Periplus Editions, 2001.

Sainz -Pardo Rubio, F., "Situación actual del tratamiento local de los problemas inherentes a la menopausia con cápsulas de aceite de rosa mosqueta tipo twist-off". Presentación IX Congreso para el Estudio de la Menopausia 2006. Sanz

Bascuñana, E., *Aromaterapia. El poder sanador de los aromas naturales*, Barcelona, Hispano Europea, 2011.

Shabrova, E.; Tarnopolsky, O.; Singh, A.; Plutzky, J.; Vorsa, N.; et al., "Insights into the molecular mechanisms of the anti-atherogenic actions of flavonoids in normal and obese mice", *PLoS ONE*, 2011.

Tepe, B. Y Daferara, D., "Antimicrobial and antioxidant activities of the essential oil and various extracts of salvia tomentosa miller (lamiaceae)", *Food Chemistry*, vol. 90, N° 3, 2005.

VV. AA., Hierbas y plantas medicinales, aromáticas y culinarias, Madrid, Tikal.

VV. AA., *Plantas comestibles y venenosas*, Madrid, Servilibro, 2003.

Villar, R.; Calleja, J.; Morales, C. y Cáceres, A., "Screening of 17 guatemalan medicinal plants for platelet antiaggregant activity", *Phytotherapy Research*, 1997.

Sitios de interés

Codex Alimentarius www.codexalimentarius.org

Food and Drug Administration (FDA) www.fda.gov

Food and Agricultural Organization of the United Nations (FAO) www.fao.org

Agencia Europea de Seguridad Alimentaria (EFSA) www.efsa.europa.eu

Organización Mundial de la Salud (OMS) www.who.int

American Herbal Pharmacopea www.herbal-ahp.org

Asociación Argentina de Fitomedicina: www.plantasmedicinales.org

Sociedad Española de Fitoterapia www.fitoterapia.net

Diccionario de Plantas Medicinales www.plantasnet.com

Agencia Española de Seguridad Alimentaria y Nutrición (AESAN) http://aesan.msssi.gob.es

Ministerio de Agricultura, Ganadería y Pesca de la Nación Argentina. Dirección Nacional de Alimentos www.alimentosargentinos.gov.ar

Servicio Nacional de Sanidad y Calidad Agroalimentaria www.senasa.gov.ar

Administración Nacional de Medicamentos, Alimentos y Tecnología Médica (ANMAT) www.anmat.gov.ar

Instituto Argentino de Normalización y Certificación (IRAM) www.iram.org.ar

Instituto nacional de Tecnología Agropecuaria (INTA) www.inta.gov.ar

Impreso en New Press
Paraguay 264 - Avellaneda
Febrero de 2015